PROJETO DE VIDA

PROJETO DE VIDA

Silvia Maria de Araújo
Armelino Girardi

PROJETO DE VIDA

Uma visão ampliada

Paulinas

Dados Internacionais de Catalogação na Publicação (CIP)
(Câmara Brasileira do Livro, SP, Brasil)

Araújo, Silvia Maria de
  Projeto de vida : uma visão ampliada / Silvia Maria de Araújo, Armelino Girardi. – São Paulo : Paulinas, 2016. – (Coleção diálogo)

  ISBN 978-85-356-4094-6

  1. Administração 2. Empresas - Crescimento - Administração 3. Desenvolvimento pessoal 4. Desenvolvimento profissional 5. Motivação 6. Projeto de Vida I. Girardi, Armelindo. II. Título. III. Série.

16-00598   CDD-650.1

Índice para catálogo sistemático:
1. Desenvolvimento pessoal e profissional : Administração   650.1

1ª edição – 2016
1ª reimpressão – 2024

Direção-geral: *Bernadete Boff*
Editora responsável: *Andréia Schweitzer*
Copidesque: *Mônica Elaine G. S. da Costa*
Coordenação de revisão: *Marina Mendonça*
Revisão: *Simone Rezende*
Gerente de produção: *Felício Calegaro Neto*
Diagramação: *Manuel Rebelato Miramontes*
Foto de capa: *M. Gove*

Nenhuma parte desta obra poderá ser reproduzida ou transmitida por qualquer forma e/ou quaisquer meios (eletrônico ou mecânico, incluindo fotocópia e gravação) ou arquivada em qualquer sistema ou banco de dados sem permissão escrita da Editora. Direitos reservados.

Cadastre-se e receba nossas informações
paulinas.com.br
Telemarketing e SAC: 0800-7010081

Paulinas
Rua Dona Inácia Uchoa, 62
04110-020 – São Paulo – SP (Brasil)
(11) 2125-3500
editora@paulinas.com.br

© Pia Sociedade Filhas de São Paulo – São Paulo, 2016

Ao Lineu e aos filhos, por concretizarem
com amor o projeto da "nossa" árvore da vida.
Silvia

À minha esposa Isabel, filhos, noras e netos,
com o desejo de que este livro
seja uma sementinha inspiradora para
o Projeto de Vida das futuras gerações.
Armelino

Sumário

Prefácio 9

A árvore da minha vida 15

Parte 1
Os sentidos da vida

1. Para a vida ter sentido – ferramentas de apoio:
   Roda de Satisfação da Vida e Meu Projeto de Vida..... 25

2. Eu e meu mundo na sociedade contemporânea 37

3. Educação ou o que fazemos de nós.............................. 51

4. A arte de viver com qualidade 63

Parte 2
Dimensões da vida

5. Saberes e prazeres: o corpo 81

6. Mente humana: autoconhecimento
   e sustentabilidade.. 97

7. Comunicamos emoções.. 117

8. Nossa relação com o transcendente 131

9. Família: o lugar do afeto 145

10. Conviver – a questão da amizade............................. 159

11. Sem confiança não há relacionamento íntimo.......... 171

12. Trabalho – romper com uma cultura de submissão ... 187

13. A base material da vida.. 205

14. A dimensão solidária – juntos, realizamos a vida 217

Parte 3

Aprender – Capacidade de mudar e projetar a vida

15. A busca do equilíbrio.. 237

16. "Estar no mundo" é avaliar-nos constantemente...... 247

17. Construindo meu Projeto de Vida 259

Prefácio

Bons frutos

E quando leio o livro *Projeto de vida*, que nos dá uma visão ampliada da vida e de um projeto pessoal de nossa existência, exalto: "É isso aí!". É isso que precisamos como leitura e ferramenta, a fim de definirmos os caminhos para ser mais eficazes na realização dos nossos propósitos e de alcançarmos, de modo sustentável, o que almejamos.

Armelino e Silvia foram extremamente certeiros na abordagem que deram ao assunto, desafiando o leitor a avaliar, rever e planejar a vida em suas diversas dimensões, criativamente desenvolvendo a imagem da "Árvore da Vida". Assim, disponibilizam ferramentas que vão desde a avaliação do autoconhecimento (Roda de Satisfação da Vida e Meu Projeto de Vida) até um roteiro detalhado para que as pessoas possam elaborar seus projetos. Enfim, uma "metodologia para a vida" amplamente testada e validada em cursos e nas organizações de todos os portes. Inclusive na Volvo.

Sempre acreditei na capacidade do ser humano de realizar aquilo a que se propõe. E em sua força interior para transformar sonhos em realidade. Na ousadia, perseverança e determinação para sentir o sabor da conquista. E é com muita alegria que vejo isso efetivamente ocorrer por todo o mundo. Mas, infelizmente, não com todas as pessoas. Muitas se perdem pelo caminho ou tomam rumos equivocados, não chegando ao destino almejado. Fora as desculpas que sempre vão aparecer, vamos perceber que faltou um projeto maior que possibilitasse o autêntico comprometimento com os objetivos desejados. Faltou possivelmente um plano contemplando as múltiplas dimensões da vida, refletindo o todo orquestrado, mas com a devida prioridade e atenção às necessidades de cada momento. Mesmo porque os sonhos, desejos e as ambições vão se alterando ao longo dos anos.

Com a firme convicção de que seu maior diferencial são as pessoas, as empresas investem nelas. E eu não tenho dúvidas de que esse é o caminho. Com isso, preparam seus funcionários para melhor desenvolverem seus trabalhos e, por consequência, os negócios.

Mais do que em qualquer outro momento da história, as empresas têm buscado aumentar o nível de conscientização de seus funcionários para um preparo além dos muros da empresa/organização. Um preparo para a vida. Para serem cidadãos de fato, com todas as implicações, responsabilidades e prazeres inerentes a isso. Como? Mostrando que também existe vida fora da empresa. Principalmente para quem se prepara correta-mente e possui um plano de vida, com um norte bem definido e sabendo aonde quer chegar.

Lógico que o trabalho ainda é fundamental na vida de qualquer pessoa. Mesmo porque muitos dependem dele até para realizar outros sonhos, quando ele não é o próprio sonho, o exercício de uma vocação ou realização plena. Mas a grande sacada aqui é saber balancear com os demais núcleos/dimensões da vida, para viver uma vida de realizações no todo e não só no trabalho. Com o "porém" de que em alguns momentos a atenção, com certeza, será maior para o trabalho. O bom é ver que novas formas de trabalho já se apresentam, possibilitando melhor compatibilização com as outras dimensões da vida.

O livro do Armelino e da Silvia leva o leitor a refletir sobre a dimensão humana, uma verdadeira viagem ao seu interior, visando despertar as habilidades e competências interpessoais. Essas normalmente não são objeto de formação nas escolas ou no universo corporativo, que basicamente preparam o ser humano somente para o mundo do corporativo/trabalho – reiterando o que já disse.

Trata-se de um livro altamente interativo. Com várias vivências e exercícios que propiciam ao leitor a oportunidade de elaborar seu próprio projeto e buscar maior equilíbrio na vida pessoal e profissional. E que também procura oferecer respostas à altura dos grandes questionamentos da vida.

O que os autores relatam é o que nós, na Volvo, temos praticado em várias de nossas políticas, principalmente no projeto "De Olho no Futuro", que visa à preparação dos funcionários para a aposentadoria. Tais práticas têm colocado a empresa entre as "melhores empresas para se trabalhar" nos últimos anos. Com isso nos desafiamos constantemente a manter esse agradável ambiente que construímos, ao mesmo tempo que mostramos que as pessoas precisam ter também um plano para viver em harmonia com as dimensões que compõem a existência: trabalho, lazer, relacionamentos, qualidade e sustentabilidade de vida, família, espiritualidade, saúde e outros não menos importantes, dependendo de cada um/indivíduo.

Estimulamos um plano de vida com abrangência maior do que só o âmbito do trabalho, assumindo responsabilidades pelo que efetivamente querem e pelo esforço necessário para conquistá-lo. É importante, porém, que estes seres humanos estejam no controle e com real comprometimento para serem os heróis/protagonistas do plano traçado.

Acreditar que um plano bem elaborado pode dar asas para sonhar/voar mais alto, conscientes de que um plano de vida não é garantia de que vão realizar ou alcançar tudo o que almejam nesta vida, com certeza aumentará suas chances. Portanto, caro leitor, quanto antes definir o seu, maiores serão suas chances de ver sua árvore da vida crescer, florescer e dar bons e saborosos frutos.

Boa leitura. E seja você o arquiteto do seu plano.

Carlos Morassutti
Vice-Presidente de RH
e Assuntos Corporativos da Volvo do Brasil

A árvore da minha vida

Javé Deus plantou um Jardim no Éden,
no Oriente, e aí colocou o homem que havia modelado.
Javé Deus fez brotar do solo todas as espécies
de árvores formosas e boas de comer.
Além disso, colocou a árvore da vida no meio do jardim,
e também a árvore do conhecimento do bem e do mal.

(Gênesis 2,9)

A *Árvore da Vida* evocada nos escritos bíblicos é uma imagem de suprimento e plenitude da vida presente na mitologia de muitas culturas primitivas. Na literatura e tradição oral de povos, da Babilônia aos fenícios, hebreus, sírios, egípcios, gregos, maias, chineses, astecas, indianos, escandinavos, são abundantes as narrativas de árvores sagradas, frondosas e de bons frutos, domínio de deuses e crença na imortalidade.

A tradição da *Árvore da Vida*[1] é fascinante, se comparada com nossa vida – árvore imensa, sujeita às

---

[1] A Árvore da Vida é uma concepção cabalística simbolizada na Árvore de *Sephiroth*, cujas dez esferas, na tradição hebraica, são energias divinas distintas em unidade absoluta. Uma *sephirah* é um recipiente; *sepher* é o livro que contém a Tradição oral, inicialmente, mostrando *os mistérios ocultos da vida desde o começo dos tempos*. O conteúdo desse conhecimento é recolhido na *Qabbala*, cuja raiz,

intempéries. Refeita a cada nova tempestade, ela renasce exuberante na primavera e, sobretudo, resulta do nosso próprio cuidado. Nesse sentido, a vida é uma construção independente de qualquer crença cultural na ideia de nutrição da árvore. As imagens se casam.

Imaginemos a árvore de nossa vida. Sejamos criativos e observadores. Em que estado ela se encontra neste momento? Como a vemos: verde, copada, seca ou em brotos? Percebemos o calor e a umidade do solo que nutre nossa experiência? Há fortaleza no tronco que nos sustenta? A leveza das folhas ao vento nos dá a certeza do verde ou estão amarelas, avermelhadas, já ganhando tons marrons? São muitos ou rarefeitos os ramos e a folhagem da nossa árvore? A sua ramagem oferece pouso aos pássaros? Damos sombra aos que passam em nosso caminho? Temos frutos pendentes ou flores em botão na promessa dos resultados que colheremos? Sentimo-nos integrados à floresta dos nossos pares no entorno? Comungamos

---

Qabel, significa "receber", "conter". O *Qab* é uma medida de capacidade (e o *Qabbah* é um saco de provisões). Com o tempo, a palavra *Qabbala* tomou o significado não mais de continente, mas de conteúdo, e passou a designar a própria Tradição. Assim, cada *sephirah* da árvore (círculos unidos por pontos) recebe a totalidade da Luz incriada, que são emanações: 1. *Kether* – Coroa; 2. *Chokmah* – Sabedoria; 3. *Binah* – Entendimento; 4. *Chesed* – Misericórdia; 5. *Geburah* – Justiça; 6. *Tipareth* – Beleza; 7. *Netzach* – Vitória; 8. *Hod* – Esplendor; 9. *Yesod* – Fundamento; 10. *Malkuth* – Reino (ver: SOUZENELLE, Annick de. *O simbolismo do corpo humano*: da árvore da vida ao esquema corporal. São Paulo: Pensamento, 1988).

afinidades? Absorvemos a luz magnífica de cada dia e processamos a fotossíntese que nos mantém?

Fixemo-nos ao solo da familiaridade dos hábitos a que nos acostumamos e sintamos nossas raízes dos valores aprofundados pelos princípios norteadores do rumo que damos à vida. Deixemos fluir a seiva a nos percorrer o caule de sustentação, alimentando com igualdade até a pontinha das folhas.

Somos responsáveis pela nossa árvore para que não feneça. A vida depende de cuidados. Segregamos resinas, aprendemos a nos defender? Absorvemos oxigênio, luz, calor, nutrientes da terra e os devolvemos à vida na forma de experiência partilhada, conhecimento somado e de sabedoria na convivência?

> Se quisermos manter verde e frutífera a árvore a nós concedida, é preciso desenvolver e ajustar frequentemente nosso Projeto de Vida.

Este livro nasceu de ideias partilhadas sobre a concepção de que a vida é construída nos seus desafios. O que significa "construir a própria vida"? Damo-nos conta de que a construção de uma vida pessoal é também a de uma vida social, porque a luta cotidiana de cada um se torna uma experiência coletiva, como proposto nas teses do sociólogo Ulrich Beck que nos inspiram.[2] Sem negar a essência, somos concomitantemente perfis de brasileiros ou japoneses, mulheres ou homens, idosos ou jovens, negros ou brancos, ricos ou pobres.

Vivemos impregnados de sociedade. Somos conformados pelo contexto social. A história e a cultura, o território e a acumulação revelam as mazelas de um coletivo que pesa sobre nós, nos permeia e condiciona e também nos faz singulares. Por outro lado, toda pessoa contribui para a sociedade ser o que é em seu processo histórico. Indivíduo e sociedade estão interligados e as mudanças os afetam mutuamente. A nossa história de vida responde em parte pelas condições do social, seus valores, normas e determinações que nos arrebatam. Somos produtos e produtores da sociedade.

Uma visão ampliada da vida leva à busca de um sentido. Há que resgatar valores com reforço nas relações familiares e de amizade, avaliando nossa capacidade de mudar. Há que identificar talentos e competências, alimentando o autoconhecimento para melhorar. Há que refletir sobre as múltiplas dimensões da vida e procurar equilibrá-las. Há que atualizar a percepção de satisfação com os aspectos que compõem nossa vida.

---

[2] BECK, Ulrich. *Costruire la propria vita*: quanto costa la realizzazione di sé nella società del rischio. Bologna: Il Mulino, 2008.

Esses são os objetivos estimulados por esta leitura para qualquer idade. Ler é estar no mundo de corpo e alma, presentes nas entrelinhas da vida. Ler é apreender o imperceptível e, para isso, nossos olhos precisam ser puros, sem viseiras, para ler todas as vezes como se fosse a primeira.

> **Caro leitor,**
> Que esta leitura possa trazer qualidade a sua vida, provocar o autoconhecimento, reforçar sua identidade como pessoa.

Motivou-nos a parceria desta escrita um breve, mas profundo, diagnóstico de que há um descompasso entre as instâncias da vida. Somamos nossa experiência de palestrante e consultor em desenvolvimento e gestão de pessoas e *coach* com a pesquisa e o magistério na sociologia, confirmando a consciência de sermos indivíduo e sociedade simultaneamente. É possível pensar assim porque vivemos o contexto de uma modernidade tardia, uma época capaz de pensar a si própria, mesclando as diferentes esferas de interesse da vida em ritmo assustador. A marca da descontinuidade, da fragmentação, do efêmero está em tudo e todos. A sociedade moderna, que experimentamos desde o século XVIII, tem-se pluralizado.[3]

---

[3] A modernidade funda-se em dois princípios: a crença na racionalidade e o reconhecimento dos direitos dos indivíduos, ou seja, afirmação de um universalismo

Como dar conta da vida que avança, gira, não para? Como obter equilíbrio entre as dimensões da existência humana, sem supervalorizar e menosprezar as outras? Dois instrumentos de apoio ajudam-nos a atingir os objetivos propostos: a *Roda de Satisfação da Vida* e o *Meu Projeto de Vida*. Num formato vivencial, são guias práticos na investida de descobrir-nos pessoas realizadas, sem que o aspecto profissional nos sufoque. O leitor pode processar seu autoconhecimento de forma crítica e aplicar o aprendizado no cotidiano.

A leitura deste livro promete ser uma aventura suave e desafiadora em tópicos curtos e não precisa seguir a sequência dos capítulos, embora seu conteúdo se desdobre de forma concatenada: a primeira parte do livro persegue a necessidade de um sentido para a vida. A segunda parte traz dimensões da vida a serem redescobertas mediante a Roda de Satisfação da Vida, provocando um balanço de sua condução e servindo de alerta sobre os cuidados para com nossa "árvore da vida". Na terceira parte somos atraídos para um chamado importante: organizar a vida. Se estabelecermos um plano estratégico para saber aonde queremos chegar, damos chance a nossos sonhos. O Meu

---

que concede a todos os indivíduos os mesmos direitos, independentemente dos seus atributos econômicos, sociais ou políticos (TOURAINE, Alain. *Um novo paradigma*. Petrópolis: Vozes, 2005, pp. 86-87).

Projeto de Vida é um recurso que permite elaborar suas aspirações atreladas aos planos profissionais.

Ao ser interativo, o livro coloca o leitor em circuito direto para exercitar sua autoavaliação e elaborar seu Projeto de Vida. Aprimoradas metodologicamente em cursos e palestras ministradas sobre Desenvolvimento de Talentos Humanos, as ferramentas aqui apresentadas ajudarão quem se dispõe a "construir a própria vida". Cuidar da "sua árvore" nas condições propícias do ambiente é o exemplo perfeito de sustentabilidade.[4]

Em nossa trajetória, encontramos inúmeras pessoas que careciam de um sentido para viver. Aparentemente desoladas diante de grandes realizações, parecia-lhes faltar algo quando diziam "ter tudo" – sucesso, bens, saúde, trabalho, amigos, reconhecimento social. Essa situação se repetia e nos perguntamos:

---

[4] Cinco aspectos podem ser identificados na sustentabilidade: a) social: processo de desenvolvimento sustentado por uma civilização com maior equidade na distribuição de renda e de bens, de modo a reduzir a desigualdade entre ricos e pobres; b) econômico: gerenciamento e alocação mais eficiente dos recursos e um fluxo constante de investimento público e privado; c) ecológica: aumento da capacidade de utilização dos recursos, limitação ao consumo de combustíveis fósseis e de outros recursos facilmente esgotáveis, a redução da geração de resíduos e de poluição por meio da conservação de energia, recursos, reciclagem; d) espacial: obtenção de uma configuração rural/urbana mais equilibrada, melhor distribuição territorial dos assentamentos humanos e de suas atividades econômicas; e) cultural: procura por razões endógenas de processos de modernização e de sistemas agrícolas integrados que facilitem a geração de soluções específicas para o local, ecossistema, cultura e área (SACHS, Ignacy. *Rumo à ecossocioeconomia*: teoria e prática do desenvolvimento. São Paulo: Cortez, 2007).

> **É possível traçar um projeto pessoal que nos oriente e dê segurança para viver?**

Sim é a resposta. Apostamos em pessoas que, ao se conhecerem melhor, melhores serão. Protagonistas de sua vida, elas se tornarão pessoas realizadas, com certeza. Com o Meu Projeto de Vida é possível traçar o rumo dos planos, buscar o norte na bússola da nossa conduta, tal qual a árvore que se volta para a luz e resiste aos ventos e tempestades lançando raízes mais profundas.

Os recursos aqui apresentados para jovens e adultos extrapolam os limites circunscritos da vida de trabalho. Podem servir ao seu aperfeiçoamento constante, desenvolvendo o espírito crítico pessoal quanto à capacidade criativa, ao seu envolvimento no processo de trabalho e verdadeiro valor como pessoa.

Ser uma pessoa sustentável e assim se desenvolver significa acordar para o dom da vida, conquistar continuamente o equilíbrio necessário à manutenção do verde da "sua árvore". Investir em autoconhecimento e acompanhar as mudanças a que estamos expostos, atiça o sentimento de que vale estar vivendo.

> **Todo o segredo está em cultivar com carinho a nossa "árvore da vida".**

Parte 1
Os sentidos da vida

1. Para a vida ter sentido – ferramentas de apoio: Roda de Satisfação da Vida e Meu Projeto de Vida

> Vivemos uma época em que a própria experiência privada
> de ter uma identidade pessoal a descobrir,
> um destino pessoal a realizar, tornou-se
> uma força política de importantes proporções.
> (Theodore Roszak)

Qual é o fundamento das ferramentas de apoio ao desenvolvimento pessoal, Roda de Satisfação da Vida e Meu Projeto de Vida, apresentadas neste livro?

Atribui-se aos hindus a criação da Roda da Vida, certamente inspirada em mandala, palavra do sânscrito que significa esfera, diagrama de círculos concêntricos que representa o universo, tradição milenar ligada à energia. Trata-se de um sistema de autoavaliação que ocupou lugar importante na cultura de alguns povos orientais.

A partir da experiência de planejamento estratégico nas empresas, criamos a ferramenta Meu Projeto de Vida e incluímos a Roda de Satisfação da Vida como instrumento de autoconhecimento. Nossa criatividade está na junção dos instrumentos para que a autoavaliação permeie as dimensões integradas da vida.

Experiência profissional sempre acrescenta ao Projeto de Vida. Foi o que aconteceu conosco em cursos e treinamentos, seminários e orientações ministradas nas áreas de gestão de pessoas e de sociologia. Durante anos observamos o quanto os participantes e alunos saíam entusiasmados, vibrantes, motivados, com bons projetos, ideias e muito material para ler e aprofundar conhecimentos. No entanto, bastava o retorno ao ambiente de trabalho ou à solidão do empenho pessoal para tudo voltar a como era antes: desânimo. Era como se tivéssemos que despertá-los continuamente para além da realização de suas atividades costumeiras.

Chamou-nos a atenção essa dificuldade recorrente, observada em diferentes programas de formação de instituições públicas e empresas privadas. Quanto desperdício de tempo e dinheiro para programas de motivação! Quanta criatividade e ensaios interpretativos da realidade perdidos! O que faz murchar, já na semana seguinte, planos e ideias nascentes com promessa de serem bem-sucedidos? Se isso acontece, de onde essas pessoas tiram forças para continuar trabalhando, produzindo, pesquisando, escrevendo?

> A vida exige muito esforço pessoal, somado a uma dose extra de não esmorecimento.

Pensamos: falta algo para que a criatividade se manifeste e o trabalho não seja um peso. É possível injetar ânimo nas pessoas? Como alimentar-lhes a vontade de realizar e realizar-se? Onde estariam as causas do mau desempenho no trabalho, da aparente falta de motivação? Estariam as dificuldades concentradas na forma racional/irracional de condução das empresas? Seriam os indivíduos aniquilados pela impessoalidade e inércia das instituições? Estariam os ambientes de trabalho viciados, cheios de preferências e ausentes de reconhecimento pelo trabalho executado?

A par das mazelas que o aparato de trabalho contém, percebemos outros aspectos que poderiam ou não ter relação com a questão profissional, mas pareciam fugir ao controle do indivíduo. Algo apontava para uma deficiência/desequilíbrio em setores da vida; o trabalho era apenas um deles. Nele era mais visível o problema, a carência, a insatisfação, talvez por ser o trabalho uma instância mais sujeita a avaliações, controle, disciplina, exigências postas à execução das tarefas. Será que no trabalho a busca de eficiência se impõe e se sobrepõe a outros possíveis anseios, como que reduzindo a vida a uma única parte com direito de se manifestar.

Sempre, o trabalho! Nele, qualquer dificuldade que afete os objetivos organizacionais é vista como problema e submetida a soluções rasas, eficazes, num processo de decisão concentrado em algumas cabeças e pouca participação. Mas o que fazer com essa questão pessoal no trabalho e que afeta o conjunto dos trabalhadores de todos os níveis e formações, qualificação e preparo?

Não são as pessoas responsáveis pela própria vida? Por que, então, se abatem tanto diante das circunstâncias individuais e sociais que vão se desenhando? Não podemos negar serem as condições da vida determinadas historicamente, e desiguais suas consequências. Mas como estimular as pessoas a retomar a condução da própria vida naquilo que depende delas?

> Como dar ânimo àqueles que decidem pensar sobre a própria vida e construí-la?

A ideia foi criar algo prático, num formato vivencial e interativo, capaz de contribuir efetivamente com as "pessoas dispostas a se trabalharem" a fim de vencer o desânimo para além do período dos cursos e treinamentos. Como fazê-las acreditar que podem mudar? Como levá-las a olhar a vida por outros ângulos?

A utilização das ferramentas – Roda de Satisfação da Vida e Meu Projeto de Vida – possibilita ao leitor conhecer-se e analisar o seu processo de tomada de consciência do potencial de vida, do seu todo como pessoa. Nossa experiência com pessoas em desenvolvimento despertou-nos para outras dimensões que nos trazem satisfação além da profissional. O trabalho é importante para nossa realização, mas é parte da vida, somos a soma de todas as partes. Os recursos da Roda de Satisfação da Vida e Meu Projeto de Vida nasceram em cursos de formação humanista e dialética das Ciências Sociais, que contribuíram para colocarmos o mundo do trabalho, institucional e formal, em uma dimensão de vida com valores mais humanos.

A Roda de Satisfação da Vida, como um instrumento de autoconhecimento, está ausente da educação formal e do ambiente de trabalho institucional corporativo. O mundo do trabalho tem primado por uma visão restrita do trabalhador, vendo-o como um componente do processo produtivo, e não como ser humano com sua carga subjetiva e necessidade de realização pessoal. Muito utilizada nos processos de *coaching* para medir a satisfação da pessoa em diversas esferas da vida, preferimos denominar aqui Roda de Satisfação da Vida. O pressuposto é que a felicidade, como um objetivo de todo ser humano, resulta do equilíbrio obtido entre as diferentes dimensões de sua existência.

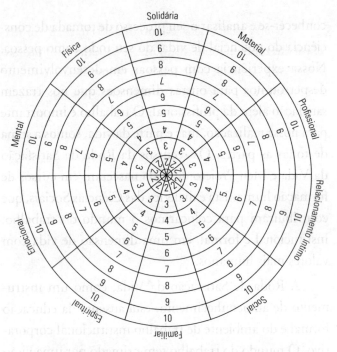

Não há consenso quanto ao número e à nomenclatura das áreas/dimensões da vida. Durante vários anos de aplicação nos programas de treinamento, detalhamos um sistema de autoavaliação com 100 itens em dez dimensões: física, mental, emocional, espiritual, familiar, social, relacionamento íntimo, profissional, material e solidária. Para facilitar o processo de autoavaliação e fornecer uma visão ampliada da vida, siga cada uma das dimensões na segunda parte do livro e proceda à sua própria avaliação preenchendo o gráfico da Roda de Satisfação da Vida à p. 296.

30

O Meu Projeto de Vida, no final do livro, é um instrumento motivacional que permite produzir um projeto para a vida pessoal e a ele atrelar o plano profissional, na terceira parte do livro. Mostra-se imperiosa a necessidade de um Projeto de Vida para o equilíbrio no desempenho pessoal e profissional, individual e como cidadão.

Por sua natureza qualitativa, a metodologia das ferramentas de apoio elege o sujeito que não se expressa apenas na ação isolada, mas no seio de uma formação social determinada.[1] Para além da ordem aparente, objetiva, institucional, econômica, política, cultural, histórica, manifesta-se uma subjetividade – nossa percepção como pessoas no mundo. Nesse processo permanente, produzimos significados na convivência social, que são valores próprios individuais e sociais que configuram necessidades da vida cotidiana.[2]

As ferramentas Roda de Satisfação da Vida e Meu Projeto de Vida foram consolidadas durante anos em cursos ministrados junto a empresas e instituições, públicas e

---

[1] Para o filósofo Morin, o ser sujeito supõe um indivíduo, mas a noção de indivíduo só ganha sentido ao comportar a noção de sujeito, aquele que tem consciência, situa-se no centro do mundo para conhecer e agir. Mas esse egocentrismo não conduz ao egoísmo (MORIN, Edgar. *O método 5*: a humanidade da humanidade; identidade humana. 3. ed. Porto Alegre: Sulina, 2005).

[2] Considerada um dos principais métodos de investigação da filosofia do século XX, a fenomenologia é uma corrente do pensamento de fim do século XVIII, que privilegia os fenômenos da consciência e designa a sua essência por "significação" pelo filósofo alemão Edmund Husserl (1859-1938).

privadas. Nos cursos de PPAs – Programas de Preparação para a Aposentadoria – temos ouvido frases do tipo: "Eu deveria ter feito este curso no início de minha carreira...". Assim, tais ferramentas foram aperfeiçoadas para uso em todas as fases da vida e apresentadas como inovação no CONARH – Congresso Nacional de Recursos Humanos, em 2007, além de terem registro na Fundação Biblioteca Nacional.

> **Depoimento**
> As ferramentas Roda de Satisfação da Vida e Meu Projeto de Vida, instrumentos importantes que serviram como fundamento [...], pois o programa não só apoiou nossos colaboradores para planejar seu futuro na perspectiva da construção de projetos de vida no início da carreira, como na melhoria da qualidade de vida e na maturidade, refletindo sobre a preparação para a aposentadoria ativa (Daviane Chemin, Diretora de Recursos Humanos do Sistema FIEP, abr. 2012).

Ao testar esses recursos de estímulo a uma vida em equilíbrio, tomamos por pressuposto a realidade cotidiana. Como sujeitos na condução da própria vida, as pessoas traçam seu caminho. Basta que compreendam o universo das aspirações, motivações, crenças e valores que se expressam nas práticas e relações sociais por sua visão de mundo.[3]

A Roda de Satisfação da Vida e o Meu Projeto de Vida são instrumentos para dar voz às pessoas, no sentido de

- se conhecerem;
- avaliarem suas preocupações;
- refletirem sobre os contextos sociais;
- decidirem sobre o curso de sua ação.

Depoimento
A troca de experiências e vivências fez-me crescer mais ainda como ser humano, ver o quanto são importantes os valores que regulam família, vida, amor, compromisso e respeito. Temos que cuidar do nosso jardim. Entender o sentido da vida, da autorrealização, buscar autoconhecimento, estar consciente dos nossos limites [...] Agora sei claramente que a resposta está em minhas mãos [...]. Já estou seguindo com meu Projeto de Vida (Maria Sueli Anhussi, Ilha Solteira-SP, jul. 2011).

---

[3] Do ponto de vista da fenomenologia, a resposta deve ser procurada nas intenções e orientações dos indivíduos, guiados pelo conhecimento das esferas da vida social relevantes para sua própria existência.

Para captar a condução da vida e dos pensamentos que a interpretam, admitimos ser a realidade, sempre transitória, inspirando-nos em Maurice Merleau-Ponty,[4] filósofo que procura compreender o mundo vivido como a maneira de existir do ser.[5] A um só tempo individual e social, subjetivo e objetivo, consciente e inconsciente, o mundo vivido comporta múltiplas expressões, as dimensões da vida.

A partir da observação da experiência do cotidiano ou mundo da vida, proposta por Alfred Schutz,[6] chegamos aos indivíduos que se tornam sujeitos em interação social.[7] Esse processo de conhecimento é inseparável do saber que acumulamos junto a outras pessoas e também do desenvolvimento da sociedade.[8]

---

[4] Para Merleau-Ponty (1908-1961), o ser humano é o centro da discussão sobre o conhecimento e estuda a percepção humana que dá origem a fenômenos. Sua obra, de cunho psicológico, sofreu influência do marxismo.

[5] O mundo vivido é a experiência de *lebenswelt* (MERLEAU-PONTY, Maurice. *La phénoménologie de la perception*. Paris: Gallimard, 1945).

[6] Alfred Schutz (1899-1959), inspirado na sociologia de Max Weber e sob a influência do filósofo Edmund Husserl, desenvolveu uma metodologia fenomenológica nas Ciências Sociais assentada na compreensão dos fenômenos da realidade social e subjetiva.

[7] A intersubjetividade é a base da fenomenologia; implica a reciprocidade nas relações entre dois sujeitos (SCHUTZ, Alfred. *Fenomenologia e relações sociais*: textos escolhidos. In: WAGNER, Helmut (Org.). Rio de Janeiro: Zahar Editores, 1979).

[8] ELIAS, Norbert. *Sobre o tempo*. Rio de Janeiro: Jorge Zahar, 1998, p. 159.

O mundo mudou muito e a sociologia pode nos ajudar a compreendê-lo. Em menos de um século passamos por uma profunda e extensiva revolução tecnológica que alterou padrões culturais, hábitos de vida. Defasam-se rapidamente as soluções encontradas para todo e qualquer problema no atendimento às necessidades humanas, sobretudo as necessidades criadas por essa forma de viver em sociedade mediada pelas novas tecnologias. Possíveis e inusitadas formas de ação, reação, resistência, interrogações às mudanças marcam o espírito inquieto do nosso tempo e nos fazem avaliar, analisar, pensar, posicionar-nos. Para essa aventura oferecemos dois guias de ação: a Roda de Satisfação da Vida e o Meu Projeto de Vida. Faça uso deles em seu proveito.

Esse é o convite a você: pensar-se.

2. Eu e meu mundo na sociedade contemporânea

> Esperemos apenas viver em sociedades
> suficientemente responsáveis por si mesmas,
> a ponto de não renunciarem a se conhecer.
> (Alain Touraine.)[1]

Viver é um risco. E estamos sempre nos arriscando nessa grande aventura. O ato de viver expõe a fragilidade do ser humano e também a sua grandeza. Há algo de intrigante na vida que, sendo individual, só se faz por completo quando estamos juntos, em sociedade.[2] Afinal, a vida são relações e se expressa por elas.

O nascimento nos introduz num ambiente social definido e modificável, nos inscreve em inúmeras relações com desdobramentos. A família, o lugar de origem, a escola, os primeiros amigos, o trabalho, os colegas são momentos simultâneos em nossa experiência de uma vida

---

[1] TOURAINE, Alain. *Cartas a uma jovem socióloga*. Rio de Janeiro: Paz e Terra, 1976, p. 220.

[2] O fenômeno indivíduo-sociedade implica ser um complemento do outro e é motivo de indagação pessoal e investigações científicas que levam às determinações da condição humana.

individual e conjunta. A atividade das pessoas consiste em reforçar e renegociar cotidianamente os envolvimentos recíprocos, na visão do sociólogo Zygmunt Bauman.[3]

O homem não tem consciência de sua individualidade senão por intermédio da vida social,[4] pois à medida em que entra em relações com outros, o indivíduo vai se edificando.[5] Ele resulta de uma história contínua, pessoal e social, porque indivíduo e sociedade movem-se em mútua dependência. Nessa simbiose, o social-histórico não é a soma dos entrelaçamentos individuais nem simplesmente seu produto. Também o indivíduo não é reflexo direto do meio social. Cada qual guarda sua essência.[6]

> Como os elos de uma imensa corrente de tempos e espaços determinados, somos indivíduos e sociedade em tensão.[7]

---

[3] BAUMAN, Zygmunt. *La società individualizzata*: come cambia la nostra esperienza. Bologna: Il Mulino, 2002.

[4] A noção de homem é genérica; constitui um modelo da espécie que engendra os indivíduos, singulares uns dos outros.

[5] A história da humanidade, que reconhece o discurso do outro e que sua presença não é desprezível para a vida em sociedade, prova as indagações de filósofos como Platão, Descartes, Kant, Marx, Freud, Merleau-Ponty, Schutz.

[6] A fenomenologia levanta a questão de como as decisões e ações subjetivas de indivíduos e seus relacionamentos, sempre limitados e parciais uns com os outros, resultam em sociedade com seu relativo grau de coesão e ordem aparente (SCHUTZ, A. Op. cit., 1979).

[7] Em ensaio escrito em 1914 – *O dualismo da natureza humana* –, Émile Durkheim pondera: "Não há dúvida de que, se a sociedade não fosse mais que

São múltiplas as interações desde o nascimento e há diversidade nas referências culturais às quais está exposto o indivíduo e das quais se apropria. Porque dá significado às coisas, valoriza o que faz, o homem é um animal simbólico, cria cultura,[8] participa ativamente da

---

o desenvolvimento natural e espontâneo do indivíduo, estas duas partes de nós se harmonizariam e se adaptariam uma à outra sem choques nem atritos: a parte social não encontraria naquela individual resistência alguma, pois lhe seria o prolongamento e o comprimento. Mas é fato que a sociedade tem uma natureza que lhe é própria e, em consequência, exigências completamente diversas daquelas que comporta a nossa natureza de indivíduos. Os interesses do todo não são necessariamente aqueles da parte; este é o motivo pelo qual a sociedade não pode se formar nem manter-se sem cobrar de nós sacrifícios contínuos e custosos. Pelo fato de que nos ultrapassa, nos obriga a andar além de nós mesmos; e andar além de si mesmo significa para qualquer ser fugir, de algum modo, da própria natureza, o que não acontece sem uma tensão mais ou menos penosa. A atenção voluntária, como se sabe, é uma faculdade que só a ação da sociedade está em condições de suscitar em nós. Mas a atenção comporta o esforço; para estar atentos, devemos suspender o curso espontâneo das nossas representações, impedir a consciência de abandonar-se ao movimento de dispersão que a arrasta naturalmente, em uma palavra, violenta algumas de nossas mais imperiosas inclinações. E dado que a parte do elemento social no complexo do nosso ser torna-se sempre mais considerável à medida que se avança na história, é de todo inacreditável que virá uma época na qual o homem será mais dispensado de resistir a si mesmo e poderá viver uma vida menos tensa e mais ágil. Tudo leva a pensar, ao contrário, que o lugar do esforço continuará a crescer juntamente com a civilização (DURKHEIM, Émile. *Il dualismo della natura umana e le sue condizioni sociali, a cura di Giovanni Paoletti*. Pisa: Edizioni ETS, 2009, pp. 81-83 [Tradução livre]).

[8] CASSIRER, Ernst. *Antropologia filosófica*: ensaio sobre o homem. Introdução a uma filosofia da cultura humana. São Paulo: Mestre Jou, 1972, p. 349. Seu pensamento é de que vivemos um mundo de relações determinadas, em virtude das quais os fenômenos se articulam e não se confundem, mas se mantêm precisamente por sua diferença recíproca. A percepção dessas relações entre os fenômenos não é uma soma de impressões, mas é concreta e transparece para nós como conjunto com sentido, o significado de um mundo estético, religioso,

produção e mudança da sociedade, ao mesmo tempo que se submete às suas regras. Ele é capaz de perceber a realidade e compreendê-la.

Percepção e compreensão são processos interligados para o conhecimento. Se a percepção é sensorial, compreender implica captar o significado. O que é compreendido é significativo e tem por base a interação entre as pessoas que lidam umas com as outras, compreendendo os seus motivos, intenções, propósitos. A compreensão aplicada ao próprio indivíduo é o autoconhecimento.

A possibilidade de pensamento e de ação do ser humano advém de viver a dualidade de ser uma pessoa e também sociedade, de ter corpo e alma. Ao mesmo tempo, temos a capacidade de pensar na forma de indivíduos – a sensibilidade; e de pensar na forma universal e impessoal – a razão.[9] Para pensar é preciso *ser*, possuir uma individualidade. Sem interiorização em nós mesmos e sem a imagem que temos dos outros, a vida social não se desenvolve. A sociedade está dentro de nós e a consciência individual é condição para a sua formação, dizia Durkheim.[10]

---

teórico, corporativo, familiar (cf. CASSIRER, Ernst. *Esencia y efecto del concepto de símbolo*. México: Fondo de Cultura Económica, 1989).

[9] DURKHEIM, É. Op. cit., 2009.

[10] DURKHEIM (*Sociologia e filosofia*. 2. ed. Rio de Janeiro: Forense-Universitária, 1970) emprega conceitos adaptados para pensar a relação entre indivíduo e sociedade, o todo e as partes, como uma forma de correlação. Conceitualmente,

Somos constituídos de um "interno" que nos faz pessoa (interioridade do eu) e é berço da vontade (capacidade de querer, de escolher); lugar da consciência (percepção de si); fonte da consciência moral (respeito à existência dos outros). Na condição de ser um sujeito singular, com relativa autonomia em relação ao ambiente no qual se encontra, pessoa *é* ação. Pessoa é uma abertura sobre o mundo cotidiano do pensamento com os outros. A diversidade psicológica supera a diferenciação física e a cultural. Muito além da cor dos olhos ou da pele, a morfologia dos povos, andinos ou de tribos africanas, o mundo dos seres humanos comporta uma variedade de personalidades, caracteres, temperamentos, sensibilidades, humores.

> Somos diferentes uns dos outros numa subjetividade que nos é comum.

Aí está a razão do agir humano: apreender a multiplicidade de esferas do real vivido no cotidiano. Ganham sentido ações com a razão e o coração, frutos de escolhas entre muitas opções: levar o filho à escola, estudar para

---

Durkheim não está afastado do pensamento de Husserl ao se referir à "transcendência imanente" (PAOLETTI, Giovanni. Identità personale e legame sociale. In: DURKHEIM. *Il dualismo della natura umana e le sue condizioni sociali*. Pisa: Edizioni ETS, 2009).

uma prova, mudar de emprego, casar, tirar férias, telefonar para um amigo, domar a impulsividade em algumas ocasiões, ajudar alguém, comprar um *laptop*, mandar flores para a pessoa amada...

Indivíduo e sociedade não são paralelos, do mesmo modo que o complexo de corpo e alma remete à condição humana dual e a crença nessa dualidade é um fato. Sem quebras ou descontinuidades, há um homem interior e um homem exterior, atravessados por estados de consciência.[11] Somos dotados de uma vida interior que as análises psicológicas confirmam. Acessá-la é um traço da nossa humanidade. Somos convidados a visitar esse ser interior, conhecê-lo melhor, assumi-lo. Fazê-lo reagir às situações que a vida nos leva a "deixar quieto". Esse eu profundo é o "homem interior", segundo Leonardo Boff, ou seja, o *nosso modo singular de ser e de agir, a nossa marca registrada, a nossa identidade mais radical.*[12]

> **Caro leitor,**
> Uma das experiências estimulantes na vida é com ela surpreender-se. Tome posse desse "eu sou", muitas vezes abafado e até consumido, seja pelo excesso de

---

[11] DURKHEIM, Op. cit., 2009.

[12] BOFF, Leonardo. *Oficialmente velho.* 2008. Disponível em: <http://www.ceseep.org.br>. Acesso em: mar. 2009.

ego/egoísmo nefasto para si e os outros, seja por uma vida excessivamente voltada para o exterior.

A vida surpreende quando não matamos a capacidade de nos admirar todos os dias. Surpreender-se não é levar surpresa. Surpreender-se é encantar-se, superar-se. Encantar-se não com coisas banais ou factuais da mídia, mas emocionar-se ao descobrir uma faceta ainda desconhecida de sua(seu) companheira(o). Não falamos aqui de uma simples subjetividade, mas de um "estar no mundo" com consciência de si e do seu entorno. O surpreender-se tem a ver com o tipo de sociedade em que vivemos; com nosso comprometimento nesse processo de vida pessoal e objetiva, ao mesmo tempo.

Assim como se manifesta a dualidade de sermos uma composição de corpo e alma, indivíduo e sociedade, também somos imanência e transcendência,[13] isto é, somos raízes e folhas da nossa "árvore da vida", movimentos interno e externo, necessários e complementares que sintetizam a existência. Quando aprofundamos nossas raízes na terra da família em que nascemos, na língua que falamos, na bagagem de inteligência e afeto que carregamos, somos seres imanentes: eu interior que

---

[13] BOFF, Leonardo. *Tempo de transcendência*: o ser humano como um projeto infinito. Rio de Janeiro: Sextante, 2000.

se manifesta, dá e pede referências. Quando as folhas e galhos da nossa árvore balançam com o vento, absorvendo mais e mais oxigênio, damos vazão aos sonhos, planos, projetos. Somos, também, seres de abertura, capazes de transcender, romper limites, superar-nos, crescer!

> Superamo-nos sempre que nos sensibilizamos com um gesto de carinho, nos posicionamos diante de atos de injustiça ou encontramos solução para um problema.

Superamo-nos ao não sermos *o* problema, ao expressar coerência entre o discurso e a ação. Superamo-nos quando abandonamos comportamentos mesquinhos e nos fazemos íntegros em nossa realidade completa: uma individualidade subjetiva que não está alheia a seu tempo e lugar. Superamo-nos ao sermos pessoas do nosso tempo.

Em nossa vida cotidiana, vendo televisão, lendo revistas, conversando com as pessoas ou explorando a internet, sentimos, na pele, como o microuniverso individual é afetado pelo movimento das estruturas sociais, sejam elas uma crise econômico-social ou um novo produto eletrônico. Há forte relação entre a biografia pessoal e a história das sociedades. A partir do impacto de duas guerras no mundo, em meados do século XX, o sociólogo Wright Mills dá um exemplo:

Quando as classes ascendem ou caem, o homem tem emprego ou fica desempregado; quando a taxa de investimento se eleva ou desce, o homem se entusiasma ou desanima. Quando há guerras, o corretor de seguros se transforma no lançador de foguetes; o caixeiro de loja, em homem do radar; a mulher vive só, a criança cresce sem pai.[14]

Vivência
A presença da sociedade em nossa vida e a força dos valores que preservamos

Você acaba de se hospedar em um hotel. Chegou ao apartamento que lhe foi destinado. Está só. Passa os olhos rapidamente nas instalações, situa-se no ambiente, satisfazendo a curiosidade de sempre: a primeira impressão, o quarto equipado, o banheiro, a limpeza. Testa o ar-condicionado, liga a televisão, olha a vista da janela. Observa a decoração, os armários e os móveis, abre a gaveta do criado-mudo... Opa! Uma carteira de dinheiro... e cheia de dólares!

- O que você faria?
- Qual seria sua reação?
- Teceria suposições sobre quem a teria deixado ali?
- Como poderia chegar ao dono da carteira?

---

[14] WRIGHT MILLS, C. *A imaginação sociológica*. 3. ed. Rio de Janeiro: Zahar Editores, 1972, p. 9.

- Passaria por mediações, falaria com o gerente do hotel?
- A quem devolveria o que é de direito?
- Faria perguntas a si mesmo sobre o achado e o seu destino?
- Que decisão tomaria?

No dia a dia, somos afetados direta ou indiretamente por acontecimentos distantes ou locais que se avolumam e nos comprimem. Há encurtamento das distâncias físicas e sociais, o uso das novas tecnologias da comunicação e informação altera nossa percepção de tempo/espaço. Ações a grandes distâncias, mas sempre próximas de cada um de nós, significam globalização – uma "ausência de lugar" e, ao mesmo tempo, "em todo lugar", uma transformação do espaço e do tempo que atinge os indivíduos.[15]

Preocupado com os impasses que enfrentamos para "construir a própria vida" na atualidade, o sociólogo Ulrich Beck[16] formula proposições e afirma em sua Tese n. 7:

---

[15] O sociólogo David Harvey denomina esse fenômeno de "compressão tempo-espaço", ou seja, um movimento na sociedade contemporânea em que se estreitam os horizontes temporais da tomada pública e privada de decisões, enquanto a comunicação via satélite e a queda dos custos com transportes possibilitam a difusão imediata dessas decisões num espaço amplo e diferenciado (HARVEY, David. *A condição pós-moderna*: uma pesquisa das origens das mudanças culturais. 2. ed. São Paulo: Loyola, 1993).

[16] Ulrich Beck (1944-) é sociólogo, leciona na Universidade de Munique e na London School of Economics. Formula um pensamento crítico à sociedade que se afirma sobre a recorrência de desastres ecológicos, crises capitalistas, guerras

"A vida individual é também, e ao mesmo tempo, vida global".[17] As inovações e a intensidade dos eventos tornam a vida social mais complexa e a vida individual sujeita a constantes alterações e a novas formas de limitações. Não que a individualidade seja esmagada por redes planetárias, mas, por estarmos sob os efeitos do contraditório processo de globalização, ampliam-se as possibilidades de comunicação, diluem-se os horizontes da nossa experiência local e pessoal, surgem novos conflitos, difundem-se variados estilos de vida. Vivemos um conjunto de experiências sem identificar a marca característica de cada uma delas. Com que frequência, hoje, viajamos, mudamos de residência e de emprego, trocamos de celular, aprendemos um macete de informática! Mal conseguimos acompanhar as notícias do dia ou as atividades de amigos, tal a intensidade das mudanças!

Essa é a atual condição da sociedade. Nela, ocupamos um espaço físico, mas a concomitância dos acontecimentos nos desloca. Eles chegam a nós por todas as mídias. A comunicação ficou mais instantânea. A TV, a internet, os telefones celulares, formas inovadoras de comunicação e os modernos meios de transporte fazem-nos crer que o espaço e o tempo encolheram realmente.

---

induzidas e manifestações de terrorismo no mundo global. É dele o conceito de sociedade de risco.

[17] BECK, U. Op. cit., 2008; Tese n. 7.

Há velocidade no cotidiano – o dia ficou curto para tantas coisas. Há velocidade nos relacionamentos – mal assimilamos os personagens que entram e saem da nossa vida, fragilizando as relações entre os sujeitos, a intersubjetividade.

Se nos colocamos inteiramente ao sabor do mundo, fica difícil a construção de uma vida com maior controle e um mínimo de previsibilidade. A vida individual está mais sujeita às ingerências desse entorno mundializado, como se estivéssemos sendo observados num quase efeito pan-óptico.[18] Somos levados a ajustar o nosso comportamento a tudo o que é moderno, atualizado, esperado, de uma forma sutil, aparentemente sem cobranças, mas persistente. Até a linguagem própria para as máquinas se nos aplicam, convidando-nos a fazer *upgrade*, atualização constante. Atualizar-se é a palavra de ordem.

Aqueles que já nasceram na "era eletrônica" têm com a experiência da mobilidade e fluxos contínuos uma grande familiaridade e espontaneidade. Quantos pais e avós não aprendem informática com os filhos e netos?! Os mais velhos vão se adaptando com a velocidade do tempo e a perda de significado do espaço. Mas todos, jovens e

---

[18] Pan-óptico ou visão de todos os ângulos é termo utilizado por Michel Foucault, em *Vigiar e punir*, para designar a sociedade disciplinar das instituições totais, como prisões, manicômios, e também as novas tecnologias da informação que fogem ao controle dos usuários.

adultos, vão se instalando e se desinstalando constantemente, aprendendo em todas as ocasiões, corrigindo seu conhecimento do mundo e de si próprios.

> Vida de indivíduo/sociedade é aprender a lidar com as mudanças.

Pelo fato de a multiplicidade de informações em tempo acelerado ter consequências sobre nossa vida é que devemos atuar sobre elas.[19] Agir é a defesa da nossa saúde mental. Nesse transformado mundo de hoje – da economia globalizada a invadir o cotidiano, do individualismo presente na convivência, do trabalho envolvente –, cabe pensar projeções de uma vida pessoal? A resposta é: não apenas pensar, mas realizá-las. Então, mãos à obra, prima e única, que é a sua vida, caro leitor!

---

[19] BAUMAN, Zygmunt; MAY, Tim. *Aprendendo a pensar com a sociologia*. Rio de Janeiro: Zahar, 2010, p. 181.

3. Educação ou o que fazemos de nós

> Não se pode ensinar nada a um homem;
> só é possível ajudá-lo a descobrir
> essa coisa dentro de si.
> (Galileu Galilei)[1]

Qual um mágico a esgotar sua cartola, nós nos produzimos durante a vida com os recursos que desenvolvemos – a carga genética e todo o nosso potencial somam-se às condições do entorno contingencial e histórico. O mais correto é conjugar o verbo "educar" como "eu me educo", "nós nos educamos", pois é o próprio indivíduo quem organiza suas experiências, ainda que a sociedade forneça os meios, dê os objetivos e oriente esse processo. A dimensão humanista da educação supõe criação e interação, adaptações e interinfluências; é um trabalho ativo de cada ser humano sobre si mesmo e seus pares no sentido do seu crescimento como pessoa e um coletivo.

Podemos ler a trajetória de uma pessoa como o encontro de muitas histórias coletivas, caminhos que se

---

[1] Galileu Galilei (1564-1642), filósofo, físico, matemático, astrônomo italiano.

cruzam. Devemos tributo a outros que nos antecederam (e sabemos a quem somos gratos), ao conjunto social, ao berço da nossa cultura, onde reconhecemos pegadas de orientação. Cada sociedade se inscreve numa continuidade histórica. Nela estão presentes os que já existiram ou que irão nascer, os que estão longe, aqueles que estão crescendo ou ainda não se descobriram.

Se por um lado têm-se estruturas dadas, instituições sociais e obras materiais ou simbólicas, por outro, tem-se aquilo que estrutura, institui, materializa, inspira esse conjunto cultural a manter-se, que são as ideias. Logo, ideias são ações e, por isso, educar é transformar. É preciso educar para conhecer (razão), educar para fazer (sensação), educar para conviver (cooperação) e educar para ser (intuição), na perspectiva de uma "pedagogia iniciativa" para ajudar a pessoa a se desvendar, inclinar seu coração a aprender, alerta o psicólogo Roberto Crema.[2]

> A educação resgata o sujeito, este ser que interioriza as experiências vividas e, a partir delas, procede à poda da "sua árvore" e a faz crescer saudável, aberta para o mundo; uma árvore sustentável, realizada.

---

[2] CREMA, Roberto. Ser humano: a maior descoberta do terceiro milênio. *Ecologia Integral*, ano 2, n. 6, 15 abr. – 31 maio 2002, pp. 11-13. Disponível em <www.ecologiaintegral.org.br/RevEcologiaIntegral06.pdf>. Acesso em: 12 fev. 2012.

Solicitado pela Unesco a pensar os sistemas de educação, o filósofo Edgar Morin identificou verdadeiras lacunas no processo educacional para a compreensão da ação do homem sobre si mesmo e seu entorno.[3] Existe um fosso entre as ciências humanas e as ciências físicas que prejudica o conhecimento do mundo, do homem e o autoconhecimento. Numa perspectiva humanista essa separação entre as ciências é trágica para a cultura, pois delas provém a ideia de realidade, da vida e do homem, divididos. A realidade se nos apresenta una e conflituosa simultaneamente. Suas múltiplas dimensões – cultural, econômica, individual, política – não se separam, são imbricadas. É preciso aprender a ligar o que é considerado separadamente.

Temos necessidade de um pensamento apto a enfrentar o desafio da complexidade do real, conclui Morin. Esse é o problema da educação do nosso tempo. Falta-nos capacidade para perceber as ligações, interações e implicações mútuas dos fenômenos que são multidimensionais, e ainda fazer as certezas interagirem com as incertezas. A Física, a Química, a História têm nos mostrado como o inesperado nos surpreende nos famosos achados de pesquisa. Mais que imobilismo e passividade, não existe

---

[3] MORIN, Edgar. A propósito dos sete saberes. In: ALMEIDA, Maria da Conceição de; CARVALHO, Edgard de Assis (Orgs.). *Educação e complexidade*: os sete saberes e outros ensaios. São Paulo: Cortez, 2002, pp. 75-102.

ordem social sem conflito, nem integração das partes sem ajustes, resistências, dúvidas, imprecisões. A incerteza que habita o caráter novidadeiro dos tempos atuais não faz parte da desordem social, de situações sobre as quais não se tem controle. A incerteza constitui a essência do real. Morin recomenda uma educação que nos ensine a fazer da incerteza uma das conquistas da consciência moderna avançada.

Nossa formação ainda sofre forte influência da escola formal e empresarial, ambas voltadas para a preparação cultural e profissional, dando pouco valor à formação da pessoa, quando...

Vida educada
é despertar para o autoconhecimento e a descoberta dos talentos interiores.

A educação que recebemos incentiva chegar a resultados, além de plantar a semente da competição para o mundo do trabalho. No primeiro dia de aula de um colégio do ensino médio, o coordenador motivava os alunos na faixa dos 13 e 14 anos a contar quantos colegas havia na série: *Esse é o número de concorrentes que cada um de vocês deve derrotar.*

Competir faz parte da natureza e de sua seleção, pensava Darwin em *A origem das espécies*, mas essa lei é destrutiva se aplicada entre os homens no âmbito dos seus valores morais. A competição, estimulante dos talentos do crescimento individual e coletivo, é salutar, mas não pode se instalar na natureza do ser humano. Ao mesmo tempo em que difunde a educação, a escola estimula a competição, cria diferenciações, favorece a mobilidade social, incentiva ações individualistas. Um exemplo dessa "naturalização" da competição é que nos tornamos uma sociedade em que *os homens com menos educação formal têm grande dificuldade para encontrar empregos com salários decentes*, admite o economista Paul Krugman.[4]

Para suprir as lacunas, a escola contemporânea tem apostado de modo desordenado na formação de habilidades e competências técnicas/profissionais. Sem valorizar o desenvolvimento de habilidades interpessoais, a atenção é centrada nos negócios, numa administração sofisticada do ponto de vista do processo e do produto. O que aprendemos tem sido para fora de nós, num ativismo e conhecimento tecno-utilitário que deixa pouco espaço para o pensamento se processar. A preocupação maior é com a forma e os recursos materiais, menos com as ideias e seu significado.

A educação molda o homem para a fase histórica em que se encontra a sociedade, e, no momento, defasagens

---

[4] KRUGMAN, Paul (*The New York Times*). Dinheiro e moral. *Gazeta do Povo*, Curitiba, segunda-feira, 13 de fevereiro de 2012, p. 23.

ocorrem não apenas no perfil exigente da moderna sociedade informatizada e produção flexível, mas porque predomina uma visão cartesiana do mundo que isola os diferentes processos sociais.[5] Ao separar processos que ocorrem de modo concomitante, temos dificuldade de recuperar a ideia de totalidade.

> Nossa formação escolar é deficiente por passar uma percepção dividida do real: estudamos disciplinas estanques, conteúdos fragmentados, quando estes deveriam falar entre si.

O sistema educacional moderno tem fornecido mais conhecimento-informação e menos conhecimento-saber. Prevalece a quantidade, a informação cumulativa sobre o verdadeiro conhecimento, aquele que é seletivo, formativo, diferencial. Aprendizado confunde-se muitas vezes com repetição, reprodução, deixando de promover a pessoa, mas a educação (até para fazer jus à origem da palavra) deveria revelar ou extrair de uma pessoa algo potencial e latente. Educar, no pensamento do economista Theodore Schultz, significa aperfeiçoar uma pessoa,

---

[5] O racionalismo de René Descartes, matemático francês (1596-1650), influenciou a Era Moderna e provocou reações, como uma verdadeira filosofia da ciência. Sua principal obra, *Discurso do método* (1637), baseou-se no emprego de um método (dedução) e de uma metafísica (dúvida metódica).

moral e mentalmente, de maneira a torná-la suscetível de escolhas individuais e sociais, capaz de agir.[6]

> **Caro leitor,**
> No cenário de uma sociedade em mudança tecnológica e cultural, novos parâmetros econômicos se colocam ao processo do "educar-nos":
> - **Somos estimulados a estar em redes sociais** e a compartilhar informações. Cabe à escola, à empresa propiciarem o domínio de competências relacionais e de comunicação.
> - **Nossa ação deve ser compatível com o pensamento** pronto a achar soluções. Uma das obrigações da educação permanente é suprir essa necessidade de raciocínio lógico e iniciativa para resolução de problemas.
> - **Acompanharmos as mudanças passa a ser uma necessidade** de sobrevivência. Esse aprendizado passa pela família, a escola, a empresa, preparando-nos às contínuas mudanças.
> - **O desenvolvimento de habilidades, como tomar decisões, faz-nos mais seletivos**, criteriosos e sabedores em dar prioridades na condução de um processo. A partir das experiências conscientes do dia a dia e da crítica social a ser praticada, cabe-nos projetar a vida.

---

[6] SCHULTZ, Theodore. *The economic value of education*. New York: Columbia University Press, 1963.

- **Precisamos atualizar nosso conhecimento** com a mente e o coração, numa educação para além do conhecimento técnico geral.
- **A corresponsabilidade faz-nos ágeis e analíticos das situações** em qualquer processo de trabalho, por isso é preciso que aprendamos juntos a "construir a própria vida", em família, na escola, nas instituições políticas e de trabalho.
- **Reconhecemos a mudança social e pessoal como permanente** para viver com um mínimo de estabilidade relativa. Precisamos aprender com as mudanças, uma incondicional mobilidade física e social dos indivíduos e das empresas.
- **Estamos em aperfeiçoamento de amadurecimento** e crescimento *constantes*, como seres humanos e instituições sociais, por ser ininterrupto o processo de aprendizagem.

Embora a educação, mediante o sistema educacional, responda pela formalização do ensino, ela é um processo em todos os âmbitos da sociedade de forma assistemática. Estamos sempre nos educando, ou seja, enquadrando-nos aos padrões sociais vigentes. A própria expressão "formar pessoas", empregada para a escola, tem afinidade com formatar (dar forma), levar à formatura (enformar). O autoconhecimento tem sido o grande ausente da formação ofertada em nossas escolas tecnicistas e superficiais, que guardam contradições em seu interior e nas relações com a sociedade, fazendo o pedagogo Rubem Alves suspirar numa lúcida nostalgia: "Quero uma escola retrógrada".

> **Lição de Vida**
> Quero uma escola que vá mais para trás dos "programas" científicos e abstratamente elaborados e impostos. Uma escola que compreenda como os saberes são gerados e nascem. Uma escola em que o saber vá nascendo das perguntas que o corpo faz. Uma escola em que o ponto de referência não seja o programa oficial a ser cumprido (inutilmente!), mas o corpo da criança que vive, admira, se encanta, se espanta, pergunta, enfia o dedo, prova com a boca, erra, se machuca, brinca. Uma escola que seja iluminada pelo brilho dos inícios.[7]

Para a educação de hoje convergem: a experiência do mundo globalizado, as crescentes demandas do mercado de trabalho, a diversidade das culturas. Também a organização econômica e novas formas de aglutinação dos interesses sociais interferem nos valores de referência e nas habilidades requeridas. Apresenta-se a necessidade

---

[7] ALVES, Rubem. Quero uma escola retrógrada. *Correio Popular*, Caderno C, 14 maio 2000.

de formação para acompanhar as mudanças sociais em ritmo acelerado. Mudanças são oportunidades, forçam-nos a renovar a vida, adequam a nossa vontade, corrigem projetos, levam-nos a refletir. Nesse sentido, o pensar sociologicamente, embora corrija os defeitos do mundo, é uma forma de "nos ajudar a compreendê-los de modo mais completo e [...] atuar sobre eles em busca do aperfeiçoamento humano".[8] Educação é um processo socializador contínuo no ajuste do ser humano às estruturas sociais, como se essa dinâmica nos cobrasse instituir um homem novo.

Caro leitor,
Dê asas à imaginação.
Escolha veredas abertas em sua mente e coração e brinque com elas como se pula amarelinha.
Desafie a sua condição de mortal, compare situações e tire delas o melhor proveito.
Drible problemas de relacionamento e coloque à prova sua capacidade de descoberta dos que estão à sua volta, sem inibir a própria investida.
Visite o seu eu interior como um explorador, descubra-se e ao seu potencial.

---

[8] BAUMAN, Z.; MAY, T. Op. cit., 2010.

Lance raízes mais profundas à árvore de sua vida, mas se deixe levar pela ousadia que embala os sonhos, dá corpo a projetos, voz aos seus anseios.

Plante boas sementes e a colheita será farta.

Boa sorte!

4. A arte de viver com qualidade

> A vida pode ser comparada a um bordado que,
> no começo, vemos pelo lado direito e, no final, pelo avesso.
> O avesso não é tão bonito, mas é mais esclarecedor,
> pois deixa ver como são dados os pontos.
> (Irvin D. Yalom)[1]

Como num bordado, viver é compreender o lado aparente, trabalhado, e seu avesso, o processo do que acontece e dá sentido à vida. Realmente, viver é uma arte. Quem não sabe disso? Há um quê de qualidade, algo mais quando se está em paz. Esse é um direito nato da pessoa humana, mas também é uma conquista, não está dado, apresenta-se como um desafio para o indivíduo e a sociedade.

Muitos ambientes de organizações estão despertando para a questão da realização da pessoa. Ao se colocar o descompasso existente entre o discurso e a prática, principalmente no âmbito do trabalho, evidencia-se o

---

[1] YALOM, Irvin D. *A cura de Schopenhauer*. São Paulo: Ediouro, 2005. Disponível em: <http://arcaliteraria.org/arcaliteraria/wp-content/uploads/1300/[livrospara todos.net].Irvin.D.Yalom.A.Cura.de.Schopenhauer(pdf)>. Acesso em: 15 mar. 2012.

quanto harmonia e bem-estar significam coerência, compatibilidade entre posições. Como em uma música, um tom diferente altera a melodia, cria desarmonia e percebemos quando o canto ou o instrumento está desafinado.

Há pessoas que dispõem de recursos para viver, mas não de um sentido pelo qual viver. A compensação financeira ou a segurança social são insuficientes, o homem não vive apenas de satisfação material. Existe outra prioridade que não seja a busca de uma compreensão maior da realidade? O que superaria a compreensão mais abrangente, refinada, da própria vida?

Caixinha de novidades, todos os dias a vida nos reserva um caminho diferente e muitos iguais. Assim, vamos produzindo expectativas sobre nós e os outros. São frequentes as exposições relativas à própria vida – experiências passadas, esperas ansiosas, lembranças guardadas, desejos não revelados, sonhos alimentados – e, cheios de reserva ou anunciando descontraidamente na internet, falamos e nos perguntamos sobre o amor, a família, o trabalho, o matrimônio, os estudos, as viagens, o sentido da vida, a razão de ser dessa travessia. Exatamente essa simplicidade é que torna a vida um desafio: nós a temos na mão e à mão, e ela se nos foge entre os dedos, se gasta e escoa rapidamente, acumulando frustrações, fechando-se em promessas não cumpridas, projetos deixados a meio caminho, muitas vezes. No entanto, somos seres feitos de uma centelha não satisfeita com tão pouco e sempre inacabada, matéria misteriosa que nos impulsiona a uma maior realização.

Como descobrir o sentido da nossa vida?

Essa é a parte inquieta da vida. As pessoas buscam algo que diminua a tormenta do seu cotidiano e as impeça de ser tragadas pelo trabalho. O mundo exclusivamente do trabalho é uma ilusão porque lhe falta uma estrutura mais ampla de significado, valores e propósitos fundamentais para satisfazer a vida. Há profunda relação entre a crise da sociedade moderna contemporânea e o baixo desenvolvimento da nossa inteligência emocional. Corremos o risco de não sabermos o que realmente é a vida, pois nos desconhecemos e às regras do jogo que jogamos. Faltam-nos objetivos e valores fundamentais. A busca do sentido da vida é a maior motivação do homem, e quando esta necessidade não é satisfeita, a vida parece vazia. Essa crise de significado é a causa principal do estresse e também de um generalizado "mal-estar da pós-modernidade", a que se refere Bauman.[2]

---

[2] BAUMAN, Zygmunt. *O mal-estar da pós-modernidade*. Rio de Janeiro: Jorge Zahar, 1998.

O sentido é um efeito, um resultado da atividade humana, um produto da ação sobre nós mesmos. O sentido é uma estrutura afetiva formada por três componentes – a significação, a orientação e a coerência –, analisa Morin.[3] Sentido é o conteúdo que emitimos sobre nós, alguém, algum objeto; é a linha de ação do nosso querer. Compreender o sentido da vida é interrogar-se sobre como a concebemos, a orientação que lhe damos e a coerência que imprimimos à experiência. Viver bem é o sentido que o filósofo Sêneca (4 – 65) recomenda: "Apressa-te a viver bem e pensa que cada dia é por si só, uma vida".

Para termos energia, vontade de viver e realizar-nos, precisamos descobrir o que nos move. De uma forma ou outra, temos ânsia de dar sentido à vida – criar uma ligação com algo maior e essa voz interior, que está presente em meio ao estresse do dia a dia, às preocupações e ao descontentamento do nosso coração. Para o médico Viktor Frankl, o homem, ao invés de reagir ou obedecer a estímulos, responde às questões que a vida lhe coloca e a ela dá significados. No prefácio da edição de 1984 do seu livro *Em busca de sentido*, assim se expressa: "Escutem o que sua consciência diz que devem fazer e coloquem-no em prática da melhor maneira possível. Então verão que

---

[3] MORIN, Edgar. L'efficacité organisationelle et les sens du travail. In: PAUCHANT, Thierry et collaborateurs. *La quête du sens*. Canadá: Les Éditions d'Organisations, 1996, p. 270.

a longo prazo – estou dizendo a longo prazo! – o sucesso vai persegui-los, precisamente porque vocês esqueceram de pensar nele".[4]

> **Vida com sentido é:**
> escolher sua atitude em qualquer circunstância, escolher o próprio caminho (Viktor Frankl).

Qual é o sentido da minha vida? Onde busco energia? Será que a vida se resume em aproveitar o máximo do tempo? Comer do bom e do melhor? Qual será o segredo para a sensação de bem-estar, sempre passageiro? Como atingir o sentimento de realização? Para uns é dinheiro no bolso, roupas no armário; para outros representa sucesso, uma carreira brilhante, o simples fato de se achar importante. Há aqueles para quem ser feliz é conhecer o mundo, ter um conhecimento aprofundado das coisas. Procuramos a felicidade, somos feitos de buscas, estamos em construção. O sucesso, confundido por vezes com a felicidade, provém de muito trabalho e fidelidade a valores e princípios éticos. O sucesso é construído aos poucos, não é imediato, como prova a vida de gênios e artistas,

---

[4] FRANKL, Viktor E. *Em busca de sentido*. Petrópolis: Vozes, 1991.

pessoas com grande dedicação a uma causa e condutas valiosas que as aproximam:[5]

> **Pontos comuns em pessoas de sucesso:**
> - **paixão** (envolvimento emocional com aquilo que fazem);
> - **trabalho** (sentem prazer em realizar suas atividades);
> - **eficiência em alguma coisa** (a regra é única: praticar, praticar, praticar);
> - **foco** (mantêm a atenção naquilo que é relevante e prioritário);
> - **tenacidade** (usam sua energia para transpor os obstáculos aos seus projetos);
> - **serviço** (gostam de se sentir úteis aos outros);
> - **criatividade** (movem-se pelos desafios e pensam de forma diferente);
> - **persistência** (não desistem facilmente, prosseguem inovando).

Homens e mulheres de todos os tempos sempre perseguiram a felicidade, mesmo sem saber exatamente no que consiste. Ser feliz é uma meta que já vem embutida no sentido da vida, talvez por isso nos debatamos tanto. Felicidade quer dizer "boa hora", expressa na palavra francesa *bonheur*, ou seja, saber aproveitar a hora, fazer do

---

[5] SAINT JOHN, Richard. Citado por PESSINI, Léo. Segredo do sucesso. *Revista Família Cristã*, ano 78, n. 916, p. 37, abr. 2012.

presente "a" hora. Buscar a felicidade é justamente o que nos impede de sermos felizes. Procuramos a felicidade de uma maneira muito utilitária, equivocada, identificando-a com os objetos do nosso desejo e misturamos tudo: "a felicidade deve ser isso ou aquilo, a felicidade é estar com você; a felicidade é ser rico etc. A felicidade está identificada com as imagens que temos dela, com seus efeitos, com seus objetos. [...] A felicidade é justamente o que nos é dado por acréscimo", adverte o filósofo Leloup.[6]

Isso leva a crer que um estado de ser e estar bem consigo mesmo não cai do céu, mas resulta de algum esforço pessoal. Pesquisas, como a da psicóloga Sonja Lyubomirsky, mostram que a busca da felicidade depende de traços promissores de personalidade: a gentileza, a gratidão e o otimismo, atividades essas intencionais que podem ser desenvolvidas.[7] Atitude otimista tem a ver com visão positiva de futuro, o que se espera alcançar, e não apenas em nível do indivíduo, também das nações. Há uma preocupação na busca de um modelo menos materialista para avaliar o desenvolvimento dos países, algo mais que o PIB (soma da riqueza de um país ou cidade), capaz de contemplar os interesses das pessoas e a sustentabilidade. Uma avaliação da satisfação do cidadão sobre a própria vida estaria, por exemplo, num

---

[6] LELOUP, Jean-Yves. *Amar... apesar de tudo*. Campinas: Verus, 2002, pp. 124-125.

[7] LYUBOMIRSKY, Sonja. *A ciência da felicidade*. São Paulo: Campus, 2008.

índice como o FIB – Felicidade Interna Bruta, levando em conta aspectos como saúde, uso do tempo, segurança, finanças, meio ambiente, cultura e outros.[8]

A felicidade ou estado de bem-estar é, de algum modo, alimentada pelo significado que as pessoas dão ao que são e fazem, por exemplo, a crença de que há valor na própria vida ou no amor incondicional aos filhos. O psicólogo Martin Seligman oferece uma

> **Lição de Vida**
> - identifique os elementos básicos do bem-estar importantes para você;
> - estabeleça propósitos a serem alcançados;
> - monitore o seu progresso;
> - faça registros diários do seu esforço, perseguindo cada objetivo.[9]

O ser humano tem procurado se autorrealizar, sentir-se satisfeito com o que conseguiu fazer de si. Para

---

[8] O conceito de Felicidade Interna Bruta (FIB) nasceu no Butão, em 1972, com a ajuda do Programa das Nações Unidas para o Desenvolvimento (PNUD) e cobre nove dimensões: bem-estar psicológico, saúde, uso do tempo, vitalidade comunitária, educação, cultura, resiliência ecológica, governança, padrão de vida (Nosso Mundo Sustentável. *Zero Hora*, Porto Alegre, ano 3, n. 106, pp. 4 e 5, 5 mar. 2012).

[9] SELIGMAN, Martin (*The New York Times*). A medida da felicidade. *Gazeta do Povo*, Curitiba, p. 24, sábado, 21 maio 2011.

chegar a tal, precisa encontrar a harmonia entre sua mente e espírito e a dimensão física. Alcançar esse equilíbrio é desafiador, uma vez que o mundo moderno continua a desarticular a relação entre o corpo e o espírito como se eles pudessem coexistir de maneira independente, quando a experiência de viver é um fenômeno integrado.

Experiências não se resumem a percepções sensoriais que apenas respondem pela experiência física; experiências colam em nós, são fenômenos. A experiência subjetiva é o ponto de partida dessas considerações, na medida em que flui espontaneamente, como uma corrente de consciência, laços sociais, vínculos com significado, traços de memória. Ao longo da vida, compilamos um estoque de experiências que nos habilita a definir as situações e guia nossa conduta. Às experiências vividas damos significados e compreendemos que a natureza transcende a realidade diária no tempo e no espaço, vai além de nós. O mesmo acontece com o mundo social que compartilhamos com os semelhantes, sempre organizados numa forma particular, vivendo o seu estilo de vida. Essas transcendências da natureza e da sociedade nós a vivemos como determinações.[10]

---

[10] Schutz não dá ao termo "transcendência" um sentido metafísico, mas o entende como um empreendimento metassocial com raízes nas experiências do mundo da vida (SCHUTZ, Op. cit., 1979, pp. 241-242).

> Tornar a vida realmente "uma" experiência exige intervir no curso dos acontecimentos, fazer nossa parte, sem saber qual é muitas vezes.

Experiência é o eterno aprendizado de nos sentir realizados por pequenas conquistas, quando dificilmente provaremos esse sentimento de uma só e grandiosa vez. Viver por viver não diz muito, nem nos satisfaz, por isso buscamos encontrar um sentido no modo como somos, no que fazemos, pensamos e sentimos. Produzimos uma identidade. Se conjugarmos a vida no verbo experimentar, tiramos proveito da nossa experiência (a soma das experiências) e, também, daquelas que se nos apresentam: a experiência imediata e os desafios que traz; a experiência da tradição; a experiência em longo prazo, aprendendo a lidar com o futuro. Quais são nossas potencialidades? Como podemos explorá-las?

> **Lembrete**
> A parte mais importante da sua vida é *você*, o dono desse projeto, o único responsável.

Experiência é ação. Uma experiência de vida depende da qualidade das condições materiais e sociais de cada um e da sua disposição em realizá-la com consciência.

Escolher um curso, seguir uma profissão, decidir sobre um emprego, expor argumentos acerca de uma situação, defender uma causa social, receber afeto e dá-lo e às pessoas, fazer um tratamento de saúde, são experiências cumulativas. Frequentemente nos sentimos com os pés e as mãos atados, esquecendo que somos nós que comandamos o espetáculo da nossa vida. É preciso puxar o fôlego, retirar oxigênio do ambiente para que a nossa "árvore da vida" resista, persista, cresça.

> Tomar a decisão de mudar a vida e levá-la de uma forma mais leve e inteligente é uma escolha pessoal.

A "sua árvore" frondosa, florida, frutífera, benfazeja está aos seus cuidados. Quanto mais qualidade investir nela, melhor será o retorno. Quanto mais energia puser em sua vida, mais segurança terá. O atual momento de enorme avanço da informática não trará mais liberdade às pessoas se elas não souberem escolher seu caminho. Também quanto às atividades profissionais, há muito que mudar no trabalho para que o imperativo das empresas não seja apenas a produtividade e o lucro. Cada organização/instituição tem sua forma de disciplinar e envolver quem nela trabalha, produzindo uma "cultura" com perfil voltado para o mercado.

Têm chances de crescer as empresas que explicitarem ações claras de sua inserção na sociedade, dos valores que preservam e do "seu norte" cultural. Uma faceta desse "agir consciente" está na valorização do ser humano, no potencial que carrega consigo para executar suas tarefas. Pessoas realizadas e profissionalmente reconhecidas têm condições de melhor relacionamento e desempenho no trabalho. Irão perdurar as organizações que considerarem a vida pessoal de seus trabalhadores como complementar, e não concorrente ou oposta à vida profissional. Há que compatibilizar o plano estratégico das organizações com o projeto de vida dos trabalhadores, evitando descompassos na vida individual e as máscaras sociais.[11] Um modelo de gestão pautado por valores humanistas, – concentrados nas potencialidades criativas e de autorrealização e menos centrados na lógica técnica e da tecnologia – possibilitará o reconhecimento e a valorização das pessoas, contribuindo para sua realização.

> Os programas de avaliação de desempenho das organizações serviriam de estímulo ao trabalhador se incluíssem itens de desenvolvimento pessoal.

---

[11] As pessoas manipulam o jeito de mostrar o seu "eu" para o outro, para estranhos ou à sociedade, porque o eu é manipulável de acordo com o público a que o sujeito vai comunicar (cf. GOFFMAN, Erving. *A representação do eu na vida cotidiana*. Petrópolis: Vozes, 1975).

Como organizador da atividade humana, o trabalho formata e limita os horizontes da experiência subjetiva dos indivíduos. Que trabalho eclipsa parte da vida das pessoas? Todo trabalho que sufoca a vida individual, familiar e social do trabalhador, que explora mediante a insuficiência do salário ou o elevado nível de exigência e envolvimento do trabalhador; aquele trabalho que inibe iniciativas e não reconhece o valor para o conjunto da produção.

Preocupados com a sustentabilidade da "árvore da nossa vida", perseguimos a hoje almejada e tão propalada "qualidade de vida". Mas o que é qualidade para a vida, além de discurso, modismo?

Qualidade de vida diz respeito ao bem-estar, saúde física e mental, educação, trabalho, relacionamentos, equilíbrio emocional, moradia, condições que se definem pelo acesso social a elas. Portanto, as desigualdades sociais afetam a qualidade da vida humana. Qualidade é algo intrínseco ao ser, à sua essência e modo de existir, algo que lhe é próprio e o caracteriza. Qualidade de vida implica um conjunto de condições de vida que remetem à forma como se estrutura a sociedade, como a riqueza é produzida, apropriada e socialmente repartida.[12]

---

[12] Qualidade de vida não se confunde com padrão de vida, medido por indicadores socioeconômicos, externos, materiais, nem com o IDH, uma sua medida para grandes agrupamentos humanos. A Organização Mundial da Saúde tem

A par das diferenças gritantes no âmbito social, as circunstâncias marcam a procura de qualidade na vida, esforço que é próprio à sua história e à forma de imprimir a ela a sua marca. Nesse sentido, como a vida ativa é longa, parte considerável do tempo e do ritmo de um indivíduo é em função do trabalho. Parcela considerável da qualidade de vida desejável, esperada, necessária depende do ambiente e das condições do trabalho.

Caro leitor,

Por ser única e insubstituível a sua condição de pessoa, é muito importante:

- descobrir um sentido para sua vida e atualizá-lo sempre;
- ter clareza sobre quais são os valores que norteiam sua vida pessoal e profissional;
- enfatizar suas relações familiares, de amizade e aquelas atitudes que possam proporcionar melhoria de sua vida;
- procurar conciliar o profissional com outros interesses e atividades. A vida não é só trabalho;
- "trabalhar-se", porque qualidade de vida está dentro de você.

---

desenvolvido instrumentos de aferição da qualidade de vida das populações em diferentes países. Já o Índice de Desenvolvimento Humano (IDH) é uma medida do bem-estar, padronizada e comparativa de riqueza, alfabetização, educação, esperança média de vida, natalidade e outros fatores de uma população.

A vida se nos apresenta de múltiplas e integradas formas. Vivemos sem precisar abrir diferentes janelas e arquivos a cada situação. Como as faces de um jogo ardiloso ao qual nos prendemos e, fascinados, precisamos decifrar, as dimensões da vida (não importa quantas) basicamente constituem: física, mental, emocional, espiritual, familiar, social, relacionamento íntimo, profissional, material, solidária. Cada esfera manifesta uma unidade de experiência vivencial em diálogo e/ou em conflito com as outras. As dimensões da vida se integram, complementam-se, disputam significados, espaços simbólicos importantes, ajustando-se entre si como os diferentes galhos da "árvore da vida".

Vida com qualidade é:
alcançar o equilíbrio entre as dimensões que a compõem.

Os próximos capítulos analisam as principais dimensões da vida e sugerem exercícios de reflexão. Preencha o seu gráfico da Roda de Satisfação da Vida à p. 296 e terá o retrato momentâneo da sua vida pessoal.

Parte 2
Dimensões da vida

Parte 2
Dimensões da vida

5. *Saberes e prazeres: o corpo*

Lição de Vida

É preciso compreender pelo corpo. [...] Não podemos separar o corpo e o espírito. Se não conseguimos controlar o espírito, não conseguiremos nunca controlar o corpo. O corpo deve estar natural e disponível, e o espírito sempre pronto. [...] Na minha opinião, quando contraímos o corpo, contraímos automaticamente o espírito. Da mesma forma, quando contraímos a mente, o corpo também se contrai. Por isso, para libertar o espírito, é preciso deixar o corpo livre. Para isso, é necessário e indispensável um bom conhecimento do nosso corpo.

(Tetsuji Murakami)[1]

Assim como corpo e espírito formam uma unidade, somos unos com a natureza. Por força da cultura que desenvolvemos, influenciada por uma concepção de vida e de mundo dissociadora (corpo, do espírito; homem, da natureza), o ser humano tende a não se reconhecer como parte da natureza. Apresentam-se separados natureza e sociedade e/ou cultura, quando esse é um universo

---

[1] Tetsuji Murakami (1927-1987) foi o primeiro mestre a se fixar na França para difundir o Karatê-Do. Chegou a Marselha em 1957.

coeso e não cindido.[2] O conceito de "natureza" é hoje determinado, em larga medida, pela significação que as ciências da natureza lhe conferiram.

A concepção de sociedade e natureza, como mundos separados, tem levado à gradativa, constante e rápida destruição da vida no planeta: nossa falta de cuidado para com a água, fonte de vida; a exploração desmedida do solo e subsolo; o desrespeito pela fauna e a flora; nossa inconsequente capacidade de poluir o meio ambiente (ar, água, solo). Não basta a preocupação ecológica se nos colocamos à parte da natureza, atentamos violentamente contra a vida de outros seres e abusamos da integridade e saúde do nosso organismo.

> Sustentabilidade é nos considerarmos integrantes da natureza, capazes de com ela interagir sem liquidá-la.

Construímos relações com nosso corpo. Oriundas da sociedade em que vivemos, essas relações mudam conforme os padrões estéticos adotados, o avanço da medicina, as alterações na concepção do que seja saudável e valorações sociais que tomam o corpo como referência. Enfim, o físico – seu bem-estar e aparência – ocupa um espaço social considerável em nossa civilização.

---

[2] ELIAS, Norbert. *Sobre o tempo*. Rio de Janeiro: Jorge Zahar, 1998.

O corpo é a dimensão física que nos conforma, o biótipo genético que carregamos e com ele nos identificamos, reconhecemos uns aos outros, ocupamos literalmente um espaço no mundo. O corpo é nossa propriedade, uma herança orgânica que nos pede cuidados e para com ele temos responsabilidades. Culturalmente desenvolvemos maneiras de atuar sobre o corpo e até cultuá-lo. Sendo invólucro, o corpo nos dá expressão, fala de nós e por nós. Há uma linguagem corporal, nem sempre explícita, fonte primária de informação, aquela que é exposta ao público e nos expõe.

Em relação ao corpo e sua valorização em nossa cultura, a sexualidade é um desses sinalizadores da nossa presença no mundo. Aprendemos a ser "homens" e "mulheres" no espaço da cultura em que vivemos. Somos modelados, condicionados, conformados pelas relações de gênero, que também são relações de poder, frutos da convivência social e não apenas relações naturais, biológicas.

Saúde é um conjunto de condições vitais em estado de equilíbrio. Sabemos o que é saúde quando uma dessas condições se desestabiliza. Evitamos o desconforto físico, embora a dor psíquica possa também nos maltratar, e viver com consciência do valor da vida é driblar constantemente a única e grande lei da natureza: ao nascer, começamos a morrer.

> Conhecer bem o funcionamento do nosso organismo para termos uma vida saudável está ao nosso alcance.

Para não infringirmos o necessário estado de bem-estar, há que seguirmos algumas pistas, atentos ao nosso sono, ritmo de vida, atividade física e mental, alimentação, lazer, cuidados com a saúde, sem deixar que vícios se instalem. Os excessos – como bebidas alcoólicas, cigarros, drogas, gula etc. – nunca se mostram boas saídas para nossas dificuldades. Excessos são sinais de desequilíbrio e, mesmo, de desvios de comportamento. Interferem na sonhada "boa forma". Excessos e carências são prejudiciais: evitar comida demasiada, muito trabalho, atividade intensa, excessiva exposição ao sol, vida sedentária, falta de nutrientes, poucas horas de sono, exercícios físicos demais. A sabedoria do equilíbrio é sempre uma recomendação.

Dormir é uma necessidade de recomposição de nossa vitalidade. É através do sono que o cérebro registra e processa as atividades do dia a dia e cria estratégias para solucionar eventuais problemas. Uma noite bem dormida ajuda a nos regenerar física e psiquicamente.

Também hábitos alimentares corretos ajudam-nos a viver melhor: mastigar bem, não comer rapidamente, evitar comidas excessivamente salgadas, gordurosas ou adocicadas. Recomendações médicas indicam uma alimentação colorida e balanceada com grãos, fibras, carnes magras, legumes, verduras, frutas, muito líquido e cuidado com alimentos industrializados. O alimentar-nos é dever de manutenção e desenvolvimento do organismo, além de ser fonte comprovada de prazer e inclui na medida certa todos os nutrientes de que o organismo precisa.

Vida saudável é:
fugir dos inimigos brancos: arroz, trigo, sal e açúcar.

A necessidade da prática de esportes ou de qualquer atividade física, pelo menos três vezes por semana, impõe-se: alongar-se, movimentar-se, fortalecer a musculatura faz bem para o corpo, a coluna agradece e nos dá novo ânimo. O esporte é salutar, favorece o relacionamento familiar e traz novos amigos. Um preparo físico adequado supõe uma boa alimentação e hidratação do organismo. Quem não anda, desanda. A caminhada é a forma mais prática e acessível a todos e traz benefícios: ativa a circulação, melhora a respiração, fortalece os músculos, ajuda a evitar doenças cardíacas e a osteoporose, retardando o fantasma da velhice. Ninguém vive bem sem o equilíbrio físico e mental. Daí a necessidade que temos, em qualquer idade, do movimento sistemático do corpo sempre de forma agradável, combinado com momentos de relaxamento e meditação. Aquietar a mente favorece o nosso físico; cuidar do corpo/organismo ordena nosso interior.

Em função do atual estilo de vida – televisão, computador, automóvel, acessórios domésticos, equipamentos de trabalho para maior facilidade, conforto e rapidez de resultados –, adotamos uma vida sedentária que, assim como a natureza desgastada, volta-se contra nós. Atualmente, adultos e jovens, ficamos muito parados; até as crianças brincam menos expansivamente, mas alertas da medicina esclarecem sobre os efeitos benéficos de trabalhar o corpo e a mente.

Lição de vida carinhosa
Cuide-se!

Cuidados com a saúde são importantes e incluem atenção de prevenção e controle de doenças: visitas periódicas ao médico e ao dentista, *check-ups* regulares depois de certa idade, exames clínicos necessários para manutenção de índices aceitáveis. O avanço da medicina está a nosso favor. Quantas pessoas pagam para ter um plano de doença e se esquecem de usufruir o seu plano de saúde, que pode ser gratuito!

Além desses cuidados para obter uma melhor qualidade de vida, aprendamos a não nos preocupar com os problemas e contrariedades do trabalho após a jornada. Se ficarmos remoendo as obrigações próprias do trabalho, não conseguiremos relaxar, respiraremos mal e não saberemos lidar com o estresse. Às vezes o estresse é favorável porque eleva os níveis de atenção, mas não podemos viver em constante estado de desgaste físico, mental e emocional.

A vida individual perde o controle para uma socialização paradoxal que vivemos na pós-modernidade,[3] pois estamos mais sujeitos a mudanças no dia a dia. Basta uma alteração mínima em nossas obrigações, como, por exemplo, uma indisposição de saúde, o trânsito engarrafado, uma dificuldade econômica, uma greve de transportes, para colocar em instabilidade a vida individual. Desse modo, Ulrich Beck formula sua Tese n. 2 sobre a "nossa" construção vital: "Aquela que se define como própria vida, não é de fato 'própria', está sujeita ao improviso".[4]

A vida exige a capacidade de recriar-se, reinventar-se a cada situação, contornando-as com o que Schutz designa por "compreensão subjetiva". Se essa compreensão

---

[3] Pós-modernidade, termo sociológico, e fenômeno são ambivalentes. Condição sociocultural do capitalismo contemporâneo, a era pós-moderna coincide com grandes transformações sociais, a partir dos anos 1970, marcadas por um Estado desregulador, promotor da flexibilidade, que passou a ser um componente de outras instâncias sociais, como produção material e relacionamentos.

[4] BECK, U. *Costruire la propria vita:* quanto costa la realizzazione di sé nella società del rischio. Bologna: Il Mulino, 2008; Tese n. 2.

acontece, a vida flui, ou seja, há que se compreender a incompletude da vida, a sua transitoriedade, o finito existir. Na "vida corrida" de todos os dias vamos reescrevendo, conforme Goethe, o pacto de Fausto com o demônio, que desejava prolongar o momento, para sempre durar e lhe garantir a juventude e a beleza.[5]

> Quando nos acostumaremos com a precariedade da vida, a sua vulnerabilidade?

Nem só de pão vive o homem...

Se eu voltasse a viver... viajaria mais leve.
Não levaria comigo nada que fosse apenas um fardo.
Se eu voltasse a viver começaria a andar descalço no início
da primavera e... continuaria até o final do outono.
Jamais experimentaria os sentimentos
de culpa ou de ódio.

---

[5] Na ânsia de recuperar a juventude e seus prazeres, o amargurado Dr. Fausto pactua com o diabo, vende-lhe a alma, convicto de atingir um permanente estado de juventude. Essa lenda tem origem popular germânica, no início do século XVI, e serviu de base à obra de vários escritores, como Christopher Marlowe (1564-1593) e Thomas Mann (1875-1955), mas foi com Johann von Goethe (1749-1832) que alcançou celebridade numa primeira edição de 1808, influenciando adaptações artísticas, literárias, musicais. Goethe torna universal a procura da essência da vida para atingir a felicidade.

Teria amado mais a liberdade
e teria mais amores do que tive.
Viveria cada dia como se fosse um prêmio
e como se fosse o último.
Daria mais voltas em minha rua, contemplaria
mais amanheceres e brincaria mais do que brinquei.
Teria descoberto mais cedo
que só o prazer nos livra da loucura.
Tentaria uma coisa mais nova a cada dia,
se tivesse outra vez a vida pela frente.
(Jorge Luiz Borges)[6]

Em todos os tempos o homem tem estudado e classificado o próprio homem: *homo sapiens, homo economicus, homo ludens*. Fixemo-nos nesta última classificação.[7] O ser humano precisa desenvolver mais sua capacidade de exercitar alternativas, apostar em possíveis saídas para um problema e incorporar atividades lúdicas ao cotidiano. Jogos e brincadeiras, além de debelarem o estresse, aumentam a criatividade. Psicólogos recomendam atividades soltas de prazos, resultados e da obrigação de fazê-las certas, pelo bem que trazem ao corpo e ao espírito.[8]

---

[6] BORGES, Jorge Luiz. *Viver a vida*. Disponível em: <http://pensador.uol.com.br/autor/jorge_luiz_borges/>. Acesso em: 15 abr. 2012.

[7] HUIZINGA, Johan. *Homo ludens*: o jogo como elemento da cultura. São Paulo: Perspectiva, 1996.

[8] WENNER, Melinda. Brincar é coisa de gente grande! *Mente e Cérebro* (*Scientific American*), n. 30, Edição Especial, O cérebro de bom humor, s.d. pp. 24-29.

Caro leitor,
Brinque

- com o corpo: participe de atividade com movimentos, sem prazos nem preocupação com resultados;
- com os objetos: crie, faça o que gosta, ponha a "mão na massa", faça cerâmica, origami, tricô, mas não queira "fazer bonito", e sim só pelo prazer de fazer.
- com os outros: junte-se a pessoas para atividades sem propósito, pode ser qualquer assunto ou mesmo um debate. Jogue conversa fora.

O ritmo de vida contemporâneo faz-nos escravos do relógio, assoberbados de obrigações. Também assumimos mais tarefas, iludidos pela ideia de que as novas tecnologias poderão nos aliviar o peso do trabalho tornando-o mais ágil e eficiente.

Como evadir-se da vida de obrigações? Muito do que hoje denominamos lazer são hábitos culturais de utilização do tempo de não trabalho.[9] A prática do lazer se volta menos à satisfação de necessidades básicas dos indivíduos e mais ao convívio e ao prazer de fazer algo diferente do dia a dia de obrigações. São muitas as formas de lazer hoje valorizadas, atividades em momentos de ruptura com o ritmo da vida cotidiana e de trabalho,

---

[9] DUMAZEDIER, Joffre. *Lazer e cultura popular*. São Paulo: Perspectiva, 1973.

desde a leitura, um trabalho artesanal, uma atividade de marcenaria, jardinagem, culinária, uma viagem, a prática de um esporte, uma simples e saudável caminhada, ou mesmo uma parada relaxante para ouvir música, meditar, conversar com amigos e outras. De certo modo, o lazer pode até ser considerado o "direito à preguiça", apregoado por Paul Lafargue,[10] para todo aquele trabalho que consome o ser humano, o desumaniza.

Desligar-nos das preocupações é vital, faz sentir-nos satisfeitos. O lazer contribui para isso, pois faz com que o cérebro se ocupe com algo que lhe dá prazer. É importante mudar a rotina, passear, criar alguma coisa, mudar de ares, estar junto à natureza, conviver com a família e os amigos, viajar. O poeta Mário Quintana é quem diz: "Viajar é mudar a roupa da alma". E há prazer em viver assim.

---

[10] LAFARGUE, Paul. *O direito à preguiça e outros textos*. São Paulo: Mandacaru, 1990.

Caro leitor,

Aqui está um breve *Manual Prático* para incorporar o lazer como um complemento da vida sadia:

- Serviço: não o leve para casa.
- Final de semana: existe para ser usufruído.
- Relaxamento: aprenda a relaxar; descontrair-se.
- Divertimento: ria, ache graça também de si mesmo.
- Silêncio: é renovador de energia; pare um pouco.
- Férias: não as venda; são para descansar.

Ações como o cercar-se de gestos, sons, imagens por mera distração ou entretenimento – ir ao cinema, assistir a filmes em casa, ligar o rádio no carro, passear no *shopping*, ir a shows, viajar em férias, andar de bicicleta, ver telenovela, navegar na internet ou deixar a televisão ligada – são hábitos culturais disseminados pelos meios de comunicação de massa e por eles recriados constantemente. Ou seja, há a ação de uma indústria cultural que desencadeia modismos, imposições e compulsão ao consumo, com diferenças de idade, gostos e nível social e econômico no acesso ao lazer.

A formação de hábitos e as práticas culturais que possam redundar em lazer, portanto, não são iguais para todos os segmentos sociais. Elas têm a ver com poder aquisitivo da população, e esse é extremamente diferenciado. Práticas culturais, antes restritas, explodem em múltiplos interesses: o esporte, a moda, o culto ao corpo, as compras, os jogos, os rituais sociais. É um fenômeno pós-moderno, porque, ao se apagarem as hierarquias sociais e as fronteiras físicas e culturais, modos de agir de uma cultura urbanizada se generalizam. Com isso, na forma de reações individuais à vida cotidiana, as atividades extraprofissionais contrapõem-se à obrigação do trabalho, ao seu excesso, impondo-se como uma necessidade, uma verdadeira cultura do lazer.

> O lazer moderno integra várias dimensões da vida, não traz só a descontração física ou alivia a mente; é uma necessidade à saúde.

Públicos diversificados e especializados vivem a avidez do consumo, como uma prática cultural gigantesca e disseminada que atinge os indivíduos à espera de novos lançamentos de produtos, postos à disposição da comunidade com sua obsolescência programada. A avalanche consumista de pacotes turísticos, por exemplo, pode significar a apropriação social sobre o lazer dos indivíduos, necessidades criadas e sua inserção no mundo globalizado.

O lazer não se apresenta como algo proibido, nem supérfluo ou dispensável; é uma necessidade física e mental para repor a energia consumida no trabalho, uma necessidade própria da nossa cultura. Muitas pessoas em idade produtiva nem sempre dão a devida importância ao lazer, alegam falta de tempo ou mesmo de uma cultura voltada para o descanso; não se dão a chance de ocupar o tempo livre. Suas noites, finais de semana, férias são restritas a ver TV, muitas vezes.

O lazer é considerado por alguns estudiosos como uma esfera específica. Com a Roda de Satisfação da Vida, a nossa posição é diferente, pois a satisfação de viver emana de diversas atividades e formas de ser e sentir. Assim, o lazer está presente de modo concomitante:

- na **dimensão física**, por exemplo, com a prática de esportes, caminhar, frequentar academias, afazeres domésticos, jardinagem, plantar e cuidar de flores;
- na **dimensão mental/intelectual**, quando o lazer desperta a mente e requer aprendizado, como tocar algum instrumento musical, participar de corais, praticar culinária, jogos (os mais diversos tipos), ou mesmo alguma atividade ligada à cultura, como ir ao cinema, teatro, shows, cursos, viajar etc.;
- na **dimensão familiar**, ao ser valorizada a vida em família, a convivência com os filhos, os pais, as atividades

conjuntas nas férias, em viagens, visitas, passeios. Estar mais presente na vida dos familiares também é lazer;

- na **dimensão social**, no que se refere a atividades com grupos de interesse (clubes, igrejas, *hobbies*, amigos, grupos com afinidades, práticas esportivas);
- na **dimensão do relacionamento íntimo**, em se tratando de atividades conjuntas pelo prazer de compartilhar interesses comuns, ideias, companheirismo;
- na **dimensão emocional**, ao se descansar, fazer relaxamento, ouvir música, ficar só. Lazer não é troca de atividades nem apenas passatempo para aposentados; é recreação necessária ao equilíbrio emocional e desenvolvimento pessoal.

Entre na "Roda de Satisfação da Vida" e analise

Lembre-se de que equilíbrio resulta em saúde, um estado de bem-estar físico e mental, que devemos buscar constantemente. Que nota você daria, de zero a dez, para os cuidados com a sua "árvore da vida", principalmente o corpo?

- O meu sono é recuperador das minhas energias ou acordo cansado?
- São saudáveis os meus hábitos alimentares?
- Pratico alguma atividade física ou deixo sempre para começar amanhã?
- Procuro respirar consciente e profundamente para oxigenar as células?
- Sou uma pessoa saudável? Os periódicos resultados dos meus exames médicos e laboratoriais têm sido satisfatórios?
- Como está o meu lazer? Tenho um tempo só para mim?

[Nota: _____]

6. Mente humana: autoconhecimento e sustentabilidade

A mente humana é um meio para a criação de valores
que ajudam e desenvolvem a realização humana,
individual e coletivamente.
(Howard Parsons)[1]

Manter-nos intelectualmente ativos e atualizados
é o objetivo. Difícil é encontrar alguém que não queira
isso. Tememos perder a consciência de nós mesmos e
nos empenhamos para que este objetivo não desapareça.
Estamos sempre aprendendo, pois a vida é um eterno
recomeço, está por fazer-se e somos nós que a realizamos.
O ser humano é um projeto infinito e, em seu processo de
mudança, se renova, não é sempre igual, ele transcende,
projeta-se. Como diz Leonardo Boff: "somos seres de
enraizamento e seres de abertura",[2] e para isso é preciso

---

[1] PARSONS, Howard. As raízes humanas da moral. In: *Moral e sociedade*: atas do convênio promovido pelo Instituto Gramsci. 2. ed. Rio de Janeiro: Paz e Terra, 1982, pp. 157-186.

[2] BOFF, Leonardo. *Tempo de transcendência:* o ser humano como um projeto infinito. Rio de Janeiro: Sextante, 2000.

quebrar barreiras e ultrapassar limites; onde alguns param, aqueles que vão além vencem.

Passamos por diversos estágios de crescimento e desenvolvimento biológico, mental, emocional. Crianças ainda, aprendemos a sentar, engatinhar, andar, correr; adolescentes, damos valor ao nosso grupo de referência. Cada fase da vida leva certo tempo e é fundamental para o ser como um todo que nenhuma delas seja pulada, porque a vida é um processo. Às vezes, precisamos aguardar para tomar uma decisão, convém ajustar-nos às fases da vida, física e mentalmente.

> **Pergunte-se periodicamente:**
> em que etapa do processo de amadurecimento eu me encontro?

O que há de singular na vida de hoje? Posto em uma dinâmica intensa e pulsante de novidades, criadas e pensadas, produzidas e consumidas, materiais e ideais, o ser humano é marcado por uma definição do tempo presente. Nunca o presente se apresentou tão enfático. Em verdade, o passado tem sido desconsiderado e nossa condição humana se abala, sofre uma grande mudança. Adquirimos a capacidade de "renascer", somos incitados a "novos começos", fato esse cuja compulsão afeta a nossa identidade, recomposta sempre que atualizamos nossas referências, valores, modelos, influências.

Buscar respostas definitivas é um caminho errado para muitas coisas, uma vez que estamos em transição nesse ritmo acelerado do presente. Somos inacabados, aprendemos com a vida e com as pessoas que por ela passam. É o escritor Honoré de Balzac quem diz: "O homem começa a morrer na idade em que perde o entusiasmo pela vida e desiste de aprender". Estudar significa sempre ter dúvidas, constantemente duvidar do que sabemos. Aprender é mais que estudar, é perguntar cada vez mais e melhor. O processo de aprendizagem é infindável, mas não é desanimador, ao contrário, é estimulante, nos impulsiona a seguir, a não nos contentar com pouco, nem com meias palavras, ou ficarmos sem explicações. A aprendizagem deve ser contínua e, se possível, prazerosa.

 Vida intelectual é descobrir que temos muito a aprender.

Cada aprendizado de novo conhecimento, minúsculo, imperceptível, agrega-se a outros, produz *links*, acumula-se, mostra a sua utilidade para a vida. E isso ninguém nos pode tirar, é como um tesouro do qual somos os donos, sem perigo de sermos roubados. Podemos, então, alimentar sonhos, planos, projetos, nos enriquecendo de todas as maneiras que as atividades – intelectuais,

99

hobbies, tecnologia, conhecimentos atualizados – nos podem proporcionar.

A vida cultural e mental está, pois, na dependência do uso do nosso tempo para leituras do mundo, cujos modos se multiplicam: livros, jornais, revistas, filmes, cinema, conversas, reuniões, exposições, palestras, teatro, artes, música, palavras cruzadas, xadrez, TV, internet etc. Até mesmo a paisagem da nossa janela pode nos mostrar um horizonte.

> **Caro leitor,**
> Não fique parado, ative-se mentalmente. Não tolha sua curiosidade; cultive-a.

Ler, escrever, criar, transformar-se, eis a melhor atividade para uma mente desperta. Para desenvolvê-la, planejar o dia a dia pode ser um bom começo. O sentimento de realização tem a ver com ações planejadas a curto, médio e longo prazos, e ter uma agenda interna – lista de tarefas – leva o cérebro a priorizar as atividades e diminuir a complexidade dos problemas.

A satisfação está em resolver o que nos deixa angustiados. A ansiedade – inquietação com relação ao futuro, que "pré-ocupa" a mente – não é necessariamente má por ser uma maneira de nos preparar para o que virá. Grave é quando a ansiedade se avoluma e o cérebro exagera o tamanho do problema, resultando muitas vezes em noites de insônia e em sentimento de incompetência. Problemas que parecem grandes, se divididos em pequenos desafios, podem ser solucionados mais facilmente.

O segredo para estar *up to date* é um bom planejamento mental, e isso inclui a necessidade de "projetar a vida" em suas diversas dimensões, dando-lhe direção e facilitando a busca dos sonhos. Sonhar, almejar o que realizar, traz alento para não desanimar e continuar buscando, num movimento de voltar-se para si, assim como recomenda o psicólogo Carl Jung: "Sua visão só ficará clara quando puder olhar dentro de seu próprio coração [...]. Quem olha para fora, sonha; quem olha para dentro, desperta".

> Precisamos dos dois movimentos: sonhar é projetar para fora; descobrir-nos é olhar para nosso interior.

É importante o conhecimento de nós mesmos. Ninguém nasce pronto, nem vem acompanhado de manual de instruções. Vamo-nos fazendo gradativamente. Essa é a razão pela qual buscamos autoconhecimento, única maneira de desenvolver as potencialidades e expressar o nosso melhor.

A vida individual é levada a pensar-se, sobretudo nesta sociedade que prima pelo excesso de racionalidade com seus muitos e acelerados avanços tecnológicos e culturais. O sociólogo Bauman expressa esse estado de pós-modernidade como um momento em que a mente moderna examina-se, longa e atentamente, pensa seus feitos passados e percebe a necessidade de mudança.[3] Valorizando a dimensão mental, pode aqui ser formulada a Tese n. 10 de Ulrich Beck: "A própria vida é também vida reflexiva".[4] Os atos da rotina diária são também, em parte, planejados, pois se situam no quadro de nossos planos e projetos, são instrumentos para realizá-los. As ações dão asas a nossos sonhos.

Embora "ser pensante" seja um traço inconfundível do "ser indivíduo", nossa racionalidade tem base nos condicionamentos sociais que constrangem e conformam o pensar, agir e viver. Por isso, colocamos intenções naquilo que realizamos. Somos frutos de um tempo que se pensa.

> É fundamental nos conhecermos para saber aonde queremos chegar.

O conhecimento se apresenta como uma certeza que justificamos, uma vez que observamos o mundo do nosso ponto de vista, da "vista do nosso ponto" desenvolvendo

---

[3] BAUMAN, Zygmunt. *Modernidade e ambivalência*. Rio de Janeiro: Jorge Zahar, 1999, p. 288.

[4] BECK, U. Op. cit., 2008; Tese n. 10.

a sensibilidade pessoal. Acumulamos um conhecimento que se origina na experiência particular vivida no convívio com pais, professores, colegas de trabalho, parentes, amigos, mídia. Esse conhecimento é compartilhado com a média da sociedade e mostra-se coerente com os valores vigentes em diferentes âmbitos, como a honestidade, a justiça, a vida protegida.

Se o conhecimento se distribui socialmente, por que o autoconhecimento é tão relegado? Quase tudo o que aprendemos é para fora de nós e conhecemos pouco de nós mesmos, Tal constatação levou o filósofo Sócrates (470-399 a.C.) a aconselhar: "Conhece-te a ti mesmo". Com seu discípulo, ele enceta um dos diálogos mais sensíveis à aventura do próprio homem em descobrir-se, dando-nos uma *lição de vida*:

> Sócrates: Poderíamos conhecer a arte de melhorar o próprio homem, se não soubéssemos quem somos?
> Alcebíades: Impossível. [...]
> Sócrates: Bem, Alcebíades, pode ser fácil ou não, mas para nós o problema se coloca assim: se conhecermos a nós mesmos, também conheceremos, talvez, os cuidados que devemos ter para conosco; senão, não os conheceremos jamais.
> Alcebíades: É assim. [...]
> Sócrates: Então, se um olho quer ver a si mesmo é preciso que fite um olho, e aquela parte deste em que se encontra o atributo visual. E não é esta a vista?

Alcebíades: Sim.

Sócrates: Assim, caro Alcebíades, a alma também, se quiser conhecer a si mesma, deverá fitar uma alma – e principalmente aquela parte dela em que se encontra o atributo da Alma, a sabedoria – e olhar o outro ao qual esta parte se assemelha?

Alcebíades: Creio que sim, Sócrates.

Sócrates: Nós podemos indicar uma parte da alma que seja mais divina do que aquela em que moram o conhecimento e o pensamento?

Alcebíades: Não podemos.

Sócrates: Essa parte da alma é semelhante ao divino e ao fitá-la aprende-se a conhecer tudo o que existe de divino, intelecto e pensamento, e tem-se a melhor possibilidade de conhecer a si mesmo, da melhor maneira.[5]

Pelo intelecto desenvolvemos a consciência de "estar no mundo". Tudo depende de nós, portanto. A proposta do psicólogo Roberto Crema é "quando iniciaremos a viagem de autodescoberta, com a investigação do cosmos interior e com o processo de globalização dos múltiplos

---

[5] Trecho de *Alcebíades I*, escrito por Platão (428-347 a.C.), discípulo de Sócrates, que trata da doutrina do autoconhecimento. Do grego antigo, a frase "conhece-te a ti mesmo" tem tradução em latim *nosce te ipsum* e, supõe-se, estaria inscrita nos pórticos do oráculo de Delfos. Transformou-se no fundamento do seu método de diálogo constante (maiêutica), ao qual se tem acesso pela *Apologia de Sócrates*, também de autoria de Platão, que relata o discurso de defesa de Sócrates no tribunal de Atenas.

mares, continentes e universos da alma humana?".[6] Ousemos nessa fantástica aventura.

Esse movimento para dentro é uma autêntica revolução: revolver a terra pisada dos sentimentos guardados. Precisamos ser exploradores do nosso eu. "Os homens devem falar de si mesmos até se conhecerem a si mesmos", encorajam-nos os sociólogos Berger e Luckmann.[7] Quem ainda não se flagrou conversando consigo diante do espelho? Nada de maluco nisso, estamos apenas nos aproximando de nós mesmos para dar um mergulho na individualidade. Temos talentos, mas nem sempre sabemos fazer a viagem para o nosso interior. "Experimentamos" a existência de outros, cada qual em sua unidade e totalidade.[8] Paradoxalmente, são eles os nossos espelhos, fazem-nos conhecedores de nós mesmos. O mundo externo ajuda-nos a viajar ao nosso interior.

---

[6] CREMA, R. Ser humano: a maior descoberta do terceiro milênio. *Ecologia Integral*, ano 2, n. 6, 15 abr. – 31 maio 2002, pp. 11-13. Disponível em <www.ecologiaintegral.org.br/RevEcologiaIntegral06.pdf>. Acesso em: 12 fev. 2012.

[7] BERGER, Peter; LUCKMANN, Thomas. *A construção social da realidade*: tratado de sociologia do conhecimento. Petrópolis: Vozes, 1973, p. 58.

[8] SCHUTZ, Alfred. In: CAPALBO, Creusa. *Metodologia das Ciências Sociais*: a fenomenologia de Alfred Schutz. Rio de Janeiro: Antares, 1979.

Vivência

Propomos um jogo atraente: conheça a si mesmo, invista tempo e dedicação no autoconhecimento.

Observe a sua vida, o que faz, com que se ocupa, no que acredita, o que gosta e o que não o agrada. Descubra sua percepção do entorno e exponha sua visão de mundo. A certeza que o homem eternamente procura está escondida dentro de si, é a seiva que alimenta a "árvore da vida". Conheça as raízes da sua árvore e visite cada uma das folhas de seus campos de interesse. Mentalmente, avalie-os. Agora, responda com sinceridade:

• O que toma o seu tempo?
• Você sabe distinguir o que ocupa a sua mente?

Falta-nos um desenvolvimento pleno para a formação do ser, voltado às competências e habilidades interpessoais, que nos ajude a nos relacionar com os outros. Em nossa formação escolar recebemos informações, conhecimentos voltados para o trabalho, o mercado, a competição, com ênfase em competências e habilidades técnicas, mas pouco ou quase nada que nos desperte para o autoconhecimento. Falta ensinar em nossas escolas aquele "algo mais" direcionado para o interior do próprio ser. Por que não dar mais destaque ao aprendizado das artes, por exemplo? Por que não valorizar o que é ligado à sensibilidade humana?

Caro leitor,
Você costuma apreciar o pôr do sol ou o nascer da lua? Ao menos os percebe? Quais são os seus contatos com a música? Como se relaciona com a natureza a sua volta?

Salvo exceções de pessoas que recebem um patrimônio cultural a partir do ambiente familiar, poucas escolas brasileiras ensinam como interpretar uma música clássica, apreciar uma peça de teatro, ouvir uma ópera, definir se determinada obra de arte plástica é abstrata, concreta ou cubista. Falta-nos a educação das sensibilidades. Você recorda alguma vez de um professor ter chamado a sua atenção para a beleza de uma flor ou a majestade de uma árvore? As pessoas são preparadas para o trabalho e não para a vida. Mas qual trabalho? Que vida?

Precisamos recuperar uma forma de saber viver em sociedade, uma vez que "o propósito da vida precisa ser positivo", pondera Dalai Lama, pois "não nascemos com a finalidade de causar problemas, de prejudicar os outros". Paradoxalmente centrados em nos conhecer, temos mais chances de evitar atitudes egoístas e nos relacionarmos com equilíbrio.

> Conhecendo-nos, somos capazes de aceitar os outros como são, porque nos aceitamos como somos.

Apenas o voltar para si mesmo alavanca o ser humano para grandes realizações e o faz sentir-se realizado; daí a importância do que Dave Ulrich[9] denomina os "autos": autoconhecimento, autodesenvolvimento, autoaprendizagem, autodisciplina, autogerenciamento, autoestima, autocontrole, autocrítica, autoempregabilidade, automotivação. Cada pessoa deve empenhar-se em descobrir quão pouco se conhece e quanto há a explorar de suas potencialidades.

As nossas escolhas: a dimensão ético-moral

Amadurecemos como pessoas, emocional e intelectualmente, à medida que interpretamos os acontecimentos, estabelecemos relações, e tiramos conclusões. Amadurecemos quando operamos vínculos concretos de costumes e tradições, e lançamos setas em direção ao futuro. Amadurecemos ao aprender com nossas ações, com a história pessoal e coletiva.

Homens e mulheres tornam-se sujeitos, não indivíduos autônomos, quando experimentam suas situações

---

[9] ULRICH, Dave. *Os campeões de recursos humanos*. São Paulo: Futura, 2011.

e relações sociais, inclusive as relações produtivas de trabalho, como necessidades e interesses que contêm antagonismos.[10] São sujeitos de sua vida aqueles que "tratam" essa experiência em sua consciência e cultura de modo a agir sobre situações determinadas. Esse é um desafio à capacidade de mudança no ser humano. Indivíduos tornam-se sujeitos em ação, e ações são escolhas. Há relação entre diferentes condições e cabe ao ser humano exercer o poder de decisão, bem mais complexo que no jogo pueril do "Ou isto ou aquilo", clássico poema de Cecília Meireles:[11]

> Ou se tem chuva e não se tem sol
> ou se tem sol e não se tem chuva!
> Ou se calça a luva e não se põe o anel,
> ou se põe o anel e não se calça a luva! [...]
> Ou guardo o dinheiro e não compro o doce,
> ou compro o doce e gasto o dinheiro.
> Ou isto ou aquilo: ou isto ou aquilo...
> e vivo escolhendo o dia inteiro!

É a liberdade de escolha com a consequente responsabilidade que torna moral qualquer ação. A pessoa que

---

[10] Muitas vezes, o experimentar e tratar situações e relações acontece pelo viés das estruturas de classes sociais históricas e determinadas (cf. THOMPSON, Edward. *A miséria da teoria*. São Paulo: Brasiliense, 1978, p. 182).

[11] MEIRELES, Cecília. *Ou isto ou aquilo*. Disponível em: <http://www.aindame lhor.com/poesia/poesias11-cecilia-meireles.php>. Acesso em: 15 abr. 2012.

age se encontra diante de alternativas de ação que levam a diversos valores, positivos ou negativos. Ela escolhe uma opção e organiza certas condições, materiais e ideias, conforme os padrões da sua cultura. Age movida por motivos e cria formas de avaliação do seu ato. Valor significa, então, algo que satisfaz dentro de certos padrões de conduta voluntária. O segredo da vida moral é encontrar e explicitar aqueles valores que, universalmente válidos, possam nos realizar como pessoas.

Somos constantemente instados a fazer escolhas e a nos responsabilizarmos pelas consequências, num jogo duro de "doa a quem doer". Mas o resíduo de uma vida de base moral fica a ecoar dentro de nós. Quem ainda não sofreu dilemas de consciência? Por essa razão, Ulrich Beck propõe a Tese n. 14: "A vida própria é vida moral, inerente à moral da sociedade".[12] Pautamos nosso comportamento pelo que é aprovado e/ou desaprovado socialmente e uma vida orientada à busca de uma moral de autodeterminação não deixa de ser uma questão política, por implicar escolha e prática de valores.

---

[12] BECK, U. Op. cit., 2008; Tese n. 14.

Vivência

Tal qual você abre o armário e seleciona roupas e objetos para colocar na mala que levará em uma viagem, detenha o olhar sobre si e, diante de um plano a ser traçado, de uma decisão a ser tomada, de uma experiência que o desafia, pergunte-se:

• O que eu levo em minha bagagem?

Liste pelo menos três valores (ideias guias) que orientam e inspiram a sua vida.

_____

_____

_____

Com seus ímpetos pessoais individualizados, a mente confere uma marca própria à pessoa, produz um caráter. A mente é um fator moral, portanto. Ela é um recurso humano criativo com que o indivíduo dirige e controla suas ações, levando em conta ações possíveis, futuras. Pela mente o homem é capaz de criticar-se, de melhorar; "consegue assumir o papel de homem contemporâneo e de homem futuro e agir para o próprio bem-estar", afirma Parsons.[13] Ela é um meio pelo qual descobrimos as

---

[13] PARSONS, H. Op. cit., 1982, p. 157-186; aqui p. 178.

condições para assegurar fins, realizar propósitos. Enfim, a mente humana cria valores e desenvolve a realização individual e coletivamente, e essa condição moral revela a natureza humana com suas necessidades e valores bons e maus. Questões de ordem moral nos cobram comportamentos esperados socialmente.

> **Exemplo de uma campanha civil pelo valor da palavra:** Respeite sua própria palavra. Se não tem certeza de que estará disposto a todos os esforços para cumprir o que disse, então nem diga! Palavra sem valor, sociedade sem futuro.[14]

A moral tem raízes na natureza socializada do homem com a função captadora dos nutrientes do solo para a nossa "árvore da vida". Nessa base de valores que é universal e histórica, assenta-se o processo de individualização, um processo social transitório e sempre atualizado.[15] Em que consiste a individualização? Com

---

[14] RICKLI, Ralf. *Pedagogia do convívio*. Regra 7, cap. 5. Disponível em: http://www.tropis.org/biblioteca/pc0506-artesocial-turismo.doc>. Acesso em: 15 abr. 2012.

[15] Beck avança em relação ao conceito de individualização, desligando-o do desenvolvimento linear, como se o progresso que a modernidade trouxe fosse "libertar" o ser humano das amarras sociais condicionadoras (BECK, Ulrich. A invenção da política: rumo a uma teoria da modernização reflexiva. In: BECK, Ulrich; GIDDENS, Anthony; LASH, Scott. *Modernização reflexiva*: política, tradição e estética na ordem social moderna. São Paulo: Unesp, 1997, p. 18).

o termo, o sociólogo Ulrich Beck refere-se ao fato de convivermos hoje com uma variedade de riscos globais e pessoais diferentes e contraditórios. Nesse ambiente de ambiguidades, a consciência se nos aflora ao ponto de nos deixar perturbados.

Se anteriormente as pessoas eram "libertadas" das certezas feudais, religiosas, que explicavam o nascente mundo industrial do século XVIII, hoje elas estão sendo arremessadas da sociedade industrial avançada para a turbulência da sociedade de risco.[16] Cada um sente isso ao seu modo, na dimensão da vida cotidiana, observando e participando dos acontecimentos do mundo midiatizado. Acumulamos muitas indagações e poucas respostas. Na sociedade contemporânea, um dos desafios é a educação ser aliada da consciência ética para uma ação estratégica de mudança. É preciso aprender a mudar, incorporando o conteúdo ético, uma vez que não basta sermos apenas morais, cumpre também sermos éticos, afirma o teólogo Leonardo Boff:

> abertos a valores [...] que concernem a todos os humanos, como a preservação da casa comum, o nosso esplendoroso planeta azul-branco. Valores do respeito à dignidade do corpo, da defesa da vida sob todas as suas formas, do amor à verdade, da compaixão para com os sofredores e

---

[16] A expressão sociedade de risco é de Ulrich Beck (BECK, U.; GIDDENS, A.; LASH, S. Op. cit., 1997).

os indefesos. Valores do combate à corrupção, à violência e à guerra. Valores que nos tornam sensíveis ao novo que emerge, com responsabilidade, seriedade e sentido de contemporaneidade.[17]

Uma ética não está prescrita em normas e leis, mas se sustenta em atitudes de respeito e responsabilidade nas relações entre as pessoas e as nações. São relações que devem levar a uma crescente e reconhecida autonomia, fazendo escolhas e medindo as consequências a si e aos outros, para a preservação da vida. Estamos no âmbito da bioética.

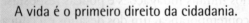

A vida é o primeiro direito da cidadania.

A educação em qualquer tempo tem sido a instituição responsável pela formação social requerida para viver. Hoje a sociedade dá sinais de suas necessidades, avanços e exigências que vão nascendo do desenvolvimento do ser humano, da cultura, da ciência, da economia, da tecnologia. Ela pede uma educação ética, ampla e profunda, que ative as raízes da moral individual e plante valores éticos nas relações macrossociais. Encontram-se aí a estabilidade e o fortalecimento da "árvore da vida".

---

[17] BOFF, Leonardo. *A águia e a galinha*: uma metáfora da condição humana. 8. ed. Petrópolis: Vozes, 1997, p. 95.

Entre na Roda de Satisfação da Vida e analise a dimensão intelectual

O seu espaço no mundo é a presença de suas ideias. Que nota você daria, de zero a dez, para seu desenvolvimento reflexivo?

- Tenho abertura para acompanhar as novidades?
- Gosto de desafios que me impulsionam a conhecer mais?
- Quem eu sou? Procuro me conhecer mais e mais?
- Cultivo hábitos de leitura e atividades que solicitam raciocínio?
- Cerco-me de amigos com quem a conversa flui e me acrescenta intelectualmente?
- Quais são meus interesses e atividades intelectuais extraprofissionais?

[Nota: _____]

7. Comunicamos emoções

Chorem quando vem a morte, chorem quando o amor
chega, quando a criança cresce. É proibido se emocionar?
Não gosto de pessoas cheias de sentimentos, mas gosto
das que se deixam levar por eles. O sentimento é como
a graça, liga-nos ao mundo da criação. [...]
Quando falo de sentimento ou de emoção, não quero
falar de uma maneira de se conduzir em relação aos outros,
mas de ser dominado pelo que nos supera!
(Alain Touraine)[1]

O ser humano é um conjunto muito além do trabalho, do prazer, da cultura, da sua condição material,
social, psíquica, espiritual. Ele é pensamento, sentimento,
ação, e se torna pessoa quando amadurece emocionalmente e aprende com as experiências.

A vida humana enfrenta obstáculos desde o momento do nascimento. O primeiro desafio: começar a
respirar. É preciso chorar para que os pulmões se encham
de ar. A existência é um eterno aprender a viver: andar,
falar, conviver... Algumas pessoas são mais propensas

---

[1] TOURAINE, A. *Cartas a uma jovem socióloga*. Rio de Janeiro: Paz e Terra, 1976,
p. 201.

à tristeza, outras à alegria; e as circunstâncias da vida trazem desafios. Cabe ao próprio homem elaborar progressiva superação do sofrimento físico, psíquico, moral, avançando rumo à tranquilidade da mente, à serenidade dos nervos e à paz de espírito.

As emoções fazem parte da nossa vida. Muitas vezes dizemos: "Fulano deixou-se levar pelas emoções", isso porque elas registram nossas reações a determinados fatos. Com frequência expressamos nossos pensamentos, mas temos dificuldades de expressar as emoções, embora as vivamos muito intensamente.

Temos uma vida física, uma vida intelectual, uma vida espiritual. Também temos uma vida emocional. São partes do que somos. Se deixarmos de cultivar uma dessas partes, então seremos menos do que poderíamos ser. O emocional é uma parte frequentemente ignorada da estrutura humana, quase não a exercitamos. Estamos pouco acostumados a nos concentrar nos sentimentos. Por isso, não aprendemos a comunicá-los. Não temos consciência de que estamos camuflando as emoções, nem de que existem e se imiscuem em tudo o que fazemos.

> Precisamos aprender a identificar nossas emoções para comunicá-las.

A linguagem é fundamental para comunicar as emoções, porque a questão do "eu falo" implica o outro que ouve.[2] Comunicar é, portanto, saber ouvir também. Não transmitimos com naturalidade nossas emoções por geralmente pensarmos sobre os fatos e não o que sentimos deles. Raramente contamos nossos sentimentos de frustração ou mesmo de alegria. Parecemos querer driblar o interlocutor, passando a impressão de que somos bafejados pela sorte e com grande competência ou, mesmo o contrário, quando puxamos a ladainha das lamentações e só falamos de nossos problemas.

Ao narrar um episódio, colocamos a capacidade analítica muito acima dos nossos sentimentos e, com isso, temos dificuldades para falar sobre as emoções, como reagimos às situações, se os sentimentos que experimentamos são agradáveis ou não. Certamente os sentimentos falam mais de nós do que a nossa forma racional de narrar as coisas. É preciso romper a couraça na qual nos colocamos, aprender a estabelecer pontes, ligações com as pessoas – terreno propício das emoções.

---

[2] Em sua análise fenomenológica, Merleau-Ponty incorpora o "presente vivo" na fala (cf. LECHTE, John. *50 pensadores contemporâneos essenciais*: do estruturalismo à pós-modernidade. 3. ed. Rio de Janeiro: Difel, 2013, pp. 42-47).

Vivência

Começando o dia

Como inicia seu dia? Você é daqueles que acordam, levantam, se arrumam apressadamente e saem correndo para o trabalho, sem um gesto ou olhar mais carinhoso para seus familiares? Você trabalha o dia inteiro sem ver o tempo passar, retorna para casa, janta, assiste à TV e vai dormir?

Se você termina seu dia assim e o começa daquela forma estabanada, pare e pense: vale a pena?

É tempo de mudar, dar-se uma chance de viver melhor, mais consciente, adquirir hábitos mais saudáveis: acordar, respirar profundamente, olhar e falar com o espelho. Arrumar-se, fazer seu momento de relaxamento ou meditação, centrar-se em você, preparar-se mental/espiritualmente para as surpresas que o dia poderá oferecer.

Proponha-se a tomar notas, antes de dormir, de situações/acontecimentos que o surpreenderam naquele dia, de algum novo conhecimento incorporado. Parabéns pela surpresa que terá! A vida é novidade.

A maioria de nós passou a infância/adolescência numa dura batalha de sobrevivência mental contra as regras da sociedade que cerceiam nossa capacidade de desenvolver e lidar com as emoções. Somos analfabetos emocionais, segundo Nuno Cobra.[3] Precisamos buscar novos níveis de consciência que nos ajudem a enxergar com clareza o potencial da vida e o propósito que encetamos a cada fase. Capacidades diversas manifestam os sentimentos diante das mesmas situações vividas. Cada qual reage a seu modo. Para que a comunicação flua entre as pessoas, criando uma ação que as envolva (comunica + ação), o sentimento do fundo do coração precisa ser expresso sem reservas. O entendimento será, então, uma decorrência.

Nossos sentimentos são de diferentes intensidades. Em alguns momentos temos reações fortes e fazemos "tempestade em copo d'água", para mais tarde nos darmos conta da banalidade que levou àquela reação ou, mesmo, ficarmos sem saber como tudo começou. Muitos sentimentos comuns e superficiais podem mascarar outros mais profundos, fortes e vulneráveis. A raiva, por exemplo, pode esconder sentimentos de rejeição, medo e desilusão. Como as cascas de uma cebola, cada camada de sentimentos superpostos (e às vezes varridos para baixo do tapete) é parte de uma vivência nem sempre consciente.

---

[3] RIBEIRO, Nuno Cobra. *A semente da vitória*. 58. ed. São Paulo: Senac, 2000.

> **É importante saber escutar e expressar nossos reais sentimentos.**

Quanto mais abertos às emoções, melhor será a leitura dos sentimentos. Já passamos situações incômodas, e até dificuldades, por não saber descrever o que sentimos, mesmo porque os sentimentos vão se transformando dentro de nós e percebemos outros aspectos da vida e de cada situação.

Precisamos aprender a expor nossas emoções, a não escondê-las nem renegá-las. Os sentimentos ajudam a revelar quem somos. Prestar atenção a eles, saber ouvi-los e respeitá-los nos fará respeitar os sentimentos dos outros. Somos excessivamente racionais. Sentimos pouco. Tendemos a achar piegas demonstrações de afeto e abafamos nossas emoções, sem deixar o coração falar. Deveriam ser palavras de ordem: *observe, sorria, chore e grite, sinta.*[4]

Vivemos uma cultura que tem levado às últimas consequências a busca da melhor *performance* para cumprir soluções com presteza, não só nas empresas, no trabalho, mas também nas dimensões pessoais, dado o excesso de racionalidade que marca nossa época. Somos treinados a sempre ter muitas tarefas a cumprir e problemas a debelar.

---

[4] BANIK, Thiago. Seja menos racional. *Gazeta do Povo*, Curitiba, p. 2, de 14 a 20 de janeiro de 2012.

Aliás, vemos tudo o que se nos apresenta como "problema". Se dele não damos conta, invade-nos um sentimento de culpa e desapontamento por nosso desconhecimento, desatenção ou falta de empenho. Acumulamos frustração e tristeza por não termos sabido utilizar a técnica certa, o método correto para encontrar a solução.

Damos importância demais aos erros, aos desacertos, às falhas. Romper com essa obsessão genérica do problema-solução pode ser uma saída à moda racionalista: qualquer que seja a complexidade da situação, procure desmontá-la num conjunto de problemas discretos, menores, com soluções pontuais a serem tratadas com conhecimento, habilidade e esforço apropriados. Possivelmente essa é uma forma eficaz de combater a ansiedade.

Lição de Vida
Por que sofrer por antecipação, quando parte significativa do que consideramos "problema" nasce em nossa imaginação?

O cérebro processa as informações enviadas pelos órgãos dos sentidos, sabe somente aquilo que sentimos ou pensamos que sentimos. Raramente nosso estado mental reflete a chamada realidade, mas, sim, a que criamos a partir das emoções. O estresse acontece porque nos prendemos a pensamentos do passado ou a "pré-ocupações", àquilo que poderá acontecer. Deixemos o cérebro trabalhar a nosso favor.

É o administrador Stephen Covey quem exemplifica a dilatada dimensão emocional negativa em nossa vida, capaz de levar a juízos equivocados sobre situações do cotidiano, como esbarrar em uma xícara cheia no café da manhã. Um péssimo começo de dia. Será? Tudo depende da forma como reagimos ao que se passa conosco, segundo o Princípio 90/10. E a proporção pesa para nossa escolha: 10% são acontecimentos que nos sucedem e os outros 90% nós é que determinamos.[5]

A maioria das situações da vida cotidiana envolve relações entre as pessoas. Da qualidade desses relacionamentos depende a saúde mental e emocional. A inteligência emocional, segundo Goleman, está ligada a habilidades em motivar a si mesmo e persistir no empenho mesmo diante de frustrações.[6] Também a afabilidade, a compreensão, a gentileza ajudam a controlar impulsos e canalizam as emoções para situações apropriadas. Isso reforça a importância da criatividade e do esforço pessoal, pois se não houver garra, determinação, vontade, nada acontecerá.

---

[5] COVEY, Stephen. *O Princípio 90/10*. Disponível em: <http://pt.shvoong.com/social-sciences/psychology/1796014-princ%C3%ADpio-90-10-para-um/>. Acesso em: 1º fev. 2012.

[6] GOLEMAN, Daniel. *Inteligência emocional*. Rio de Janeiro: Objetiva, 2001.

É preciso dar preferência aos bons sentimentos. Em vez de raiva, cultivemos o amor, a serenidade, o otimismo. Optemos pelo discernimento, essa capacidade de distinguir uma coisa da outra, dando-lhes o real valor. Coloquemos para fora os sentimentos negativos, valorizemos os aspectos positivos de qualquer situação. Reduzir as tensões, tirar lições das experiências que vivemos ajuda-nos a projetar a vida.

Exercício

Em uma folha de papel em branco faça um ponto vermelho bem no centro. Agora, observe: O que você vê? Se alguém estiver com você, pergunte: o que vê? Um ponto desenhado ou uma folha em branco?

Certamente, tanto você como a outra pessoa vão dizer: vi um ponto vermelho.

Ou viu uma folha branca com um pontinho vermelho? Perceba: foi o ponto vermelho que chamou a atenção, e não a folha em branco. Por que isso? O que vemos nas pessoas?

A tendência é ver algo diferente, observar algum defeito. E as coisas boas, onde ficam?

Como somos lembrados no trabalho, no círculo de amigos, na família? Somos lembrados pelos acertos ou pelos erros?

> Ao chegar em casa, de imediato chamamos a atenção se algo está no chão, alguma roupa fora do lugar...
> E todas as roupas que foram lavadas, passadas e guardadas?
> O que realmente desejamos valorizar em nossas atitudes e nas pessoas a nossa volta?

Veja o lado bom dos acontecimentos, evite a visão reducionista. É Nuno Cobra quem diz: "É incrível como os sucessos e acertos, até bem maiores do que os erros, pesam tão pouco em suas emoções no decorrer do dia e como os erros e desacertos pesam tanto, a ponto de as emoções terem apenas a influência dos insucessos".[7] Saúde é entusiasmo, boa autoestima e alto-astral. Os sentimentos positivos precisam ser valorizados: confiança, entusiasmo, amor, serenidade, solidariedade, autocontrole, afeto, confiança, segurança, otimismo, aceitação, compreensão. Sentimentos negativos, como medo, insegurança, pessimismo, desânimo, raiva, ressentimento, ansiedade, angústia, agressividade, descontrole, crítica, autodestruição, tensão, estresse, nos corroem. Busquemos o equilíbrio, não há como viver numa gangorra de altos e baixos de nossos sentimentos.

[7] RIBEIRO, N. Op. cit., 2000, p. 53.

> **Caro leitor,**
> Aprender a viver em paz, com discernimento, no presente, perdoando e liberando emoções de forma adequada é um grande desafio: respire fundo, conte até dez, pratique esportes, tenha um *hobby*, não seja mal-humorado com os outros.
> Projete compreensão e gentileza em sua vida. Dê um sorriso amigo, um abraço apertado, um elogio sincero.

"A alegria abre, a tristeza fecha o coração", diz a sabedoria popular. O conhecimento das emoções e paixões é a condição prévia para podermos lidar com elas. O objetivo é manter o autocontrole e a autoestima elevados, uma vez que temos as "emoções à flor da pele", e isso não é privilégio dos de sangue latino. O homem é um animal afetivo, emocional, embora seja dado muito valor à inteligência. Talvez animal racional seja o que menos ele é. Somos um feixe de emoções que aprendemos a controlar. A primeira delas diz respeito a nós mesmos. Homens e mulheres precisam gostar de si, amar-se e encarar a vida de forma mais otimista e positiva; cultivar a autoestima.

Pare e pense
O que nos impede de viver em paz?
- Conhecer-nos é o primeiro passo.
- Reconhecer que o outro é diferente.
- Combater nossas emoções destrutivas.
- Desarmar-nos. Parar de julgar os outros.

Você é bem melhor e mais capacitado do que pensa. Tem muitos talentos e energias escondidas, precisando apenas libertá-las e canalizá-las. Uma dessas qualidades é praticar a empatia. O que você está esperando para, em muitos momentos, colocar-se mental e emocionalmente no lugar de outra pessoa? E sentir o que ela sente, as dificuldades que está passando, procurar entender por que reage ou reagiu daquele modo. É preciso perceber o outro e seus sentimentos através dos canais não verbais: tom de voz, gestos, expressão facial. Pesquisas mostram que a generosidade tem a ver com a capacidade de compadecer-se, de tratar as outras pessoas como gostaria que o tratassem. Isso é grandeza de espírito.

Entre na Roda de Satisfação da Vida e analise a dimensão emocional

Para avaliar seu comportamento em relação às emoções, que nota você daria, de zero a dez?

- Estou bem comigo mesmo, eu me aceito?
- Controlo minhas emoções? Ou estouro por pouca coisa?
- Comunico meus sentimentos? Processo-os em meu interior?
- Sofro por antecipação, criando os fatos?
- Qual é o impacto que minhas emoções provocam em mim e nos outros?
- Sou uma pessoa que agrega?
- Como eu me vejo em relação às emoções que expresso?

[Nota: _____]

8. Nossa relação com o transcendente

> Não somos seres humanos tendo uma experiência espiritual, mas seres espirituais tendo uma experiência humana.
>
> (Teilhard de Chardin)

Humanos, paradoxalmente, somos de outra substância que nos faz insatisfeitos a maior parte do tempo. Parece que nascemos nostálgicos de uma realidade à qual não pertencemos. Por isso, talvez, a constituição da matéria e do espírito seja um mistério e a separação corpo/espírito predomine. Na Antiguidade, Aristóteles (384-324 a.C.) já pensava que o valor primordial da vida depende mais da consciência e do poder de contemplação que da mera sobrevivência. Referia-se ao valor exagerado que damos às coisas materiais, quando essas têm breve permanência.

Dificilmente nos convencemos ser criaturas, matéria cósmica, para cuja origem ainda não há resposta, com todo o desenvolvimento da ciência. Culturas e civilizações de todos os tempos se relacionaram com o transcendente. A curiosidade e a imaginação humanas sentem-se desafiadas e mergulham em ambiguidades de respostas. Da mesma forma que entramos no ciclo da vida, em uma curva dessa estrada a morte nos espreita e nos colhe de surpresa. Encerra-se, então, um período de incertezas, mas principalmente de muita teimosia ao trilharmos esse caminho sem volta. Estamos presos à vida, ela nos conduz, embora sejamos seus condutores.

> Entre o nascimento e a morte acontece a vida, e isso é tudo.

As religiões nascem porque os homens procuram explicações para sua origem e a do universo, para o mistério da vida e da morte posto nas dimensões do natural e do sobrenatural, na expectativa de algo que transcenda a condição humana limitada diante desses fenômenos. Em sua Tese n. 15, "A própria vida é uma vida para além e o seu fim é o fim – a morte", o sociólogo Ulrich Beck estende essa *deadline* da vida, certa e indefinida a um só tempo, o que provoca o contraditório fenômeno de fuga no esotérico e de movimentos religiosos disparatados.

Multiplicam-se as indagações do ser humano sobre suas origens e as respostas não estão prontas. O filósofo Wittgenstein assim expressa essa humana perplexidade: "O indizível (o que me parece cheio de mistério e que não sou capaz de exprimir) forma, talvez, o pano de fundo em virtude do qual o que posso exprimir adquire uma significação".[1] Essa ausência de explicação para o mistério da finitude da vida pode ser a razão de os homens instituírem a dimensão do sagrado. Religião (*religare*) significa aquilo que liga o ser humano a um ente, divino ou não. Como um sistema simbólico de crenças e práticas, a religião une os homens numa comunidade moral, em manifestação coletiva. Ao reunir pessoas, a religião fornece um referencial comum e favorece ao grupo social exprimir sua identidade.

As sociedades modernas globalizadas são multirreligiosas e colocam outros problemas para além da estrutura social, do avanço científico e tecnológico. Defrontamo-nos com acontecimentos e condições típicas da existência humana que experimenta eventos irracionais ou injustos, incertezas e casualidades, como o sofrimento, as desigualdades sociais, os desastres, os fenômenos naturais, a violência e outros.

O papel social da religião no desenvolvimento humano é reconhecido. No entanto, a modernidade engendrou a indiferença religiosa. A crise desse projeto tem demonstrado que a sociedade que não encontrar seu fundamento em uma transcendência – deem a ela o

---

[1] WITTGENSTEIN, Ludwig. In: CHAUVIRÉ, Christiane. *Wittgenstein*. Rio de Janeiro: Jorge Zahar, 1989, p. 48.

nome de Deus ou não – tende a lenta e inexoravelmente se dissolver.[2]

Espiritualidade: fé é naturalidade ou necessidade?

> A fé nada mais é que o entendimento correto de nossa existência – confiando e deixando as coisas acontecerem.
>
> (Julian de Norwich, monja do séc. XIV)

A par das diversas manifestações religiosas, conforme a crença professada – a religiosidade propriamente dita –, a relação universal do ser humano com a ordem do transcendente prima pela espiritualidade. Espiritualidade significa, num sentido mais profundo, "trabalhar-nos" como pessoa numa perspectiva de comunidade mais ampla que o mundo individual. Alcançar espiritualidade significa viver a irmandade com todos os seres no mundo, como se colocava São Francisco de Assis, considerado a personalidade do segundo milênio.

A espiritualidade se apresenta como uma necessidade humana, a parte inquieta da vida, aquela que dá significado a indagações e ensaios de ação. O escritor Thomas

---

[2] BINGEMER, Maria Clara. Profanidade do mundo e silêncio de Deus. *Colunas de Maria Clara Bingemer*, 10 mar. 2011. Disponível em: <http://www.domtotal.com/colunas/detalhes.php?artId=1849>. Acesso em: 27 abr. 2011.

Merton afirma: "Só há amor e vida reais se forem voltados para o descobrimento do ser verdadeiro, espiritual de cada um, para além e acima do nível da mera individualidade empírica com suas alegrias e temores superficiais".[3] No esforço em transcender a condição natural de ser um corpo no espaço, a espiritualidade tem-se mostrado um caminho.

> O ser humano precisa acreditar em alguma coisa para que compreenda o mundo vivido, o seu passado e tenha esperança para o futuro.

A espiritualidade implica fé, crer em algo que nos suplanta, dá forças para viver, transcende o material e dá sentido à vida. Fé não é necessariamente religiosa; é parte do nosso processo cognitivo no enfrentamento dos desafios do dia a dia. Há, portanto, uma conciliação entre a experiência de fé e a vida de todos os dias. Ela se modifica à medida que a experiência se acumula e os valores se transformam, dependendo mais do nosso amadurecimento que da devoção.

Mas a fé, dom gratuito que concede confiança, precisa ser educada, disciplinada, amadurecida. Nossa

---

[3] MERTON, Thomas. *Faith and Violence*. University of Notre Dame Press, South Bend, IN, 1968. Reflexões de Thomas Merton, Sociedade dos Amigos Fraternos de Thomas Merton, out. 2011.

realização não está em uma fé mágica, primária, ingênua. O psicólogo James Fowler descreve níveis de fé, ou seja, de raciocínio espiritual, que não são medidos em termos de doutrina religiosa, mas implicam valores sobre a natureza e o objetivo da crença, não necessariamente religiosa.[4]

Como a fé não se ganha nem se conquista, tendo-a se conserva, crises de fé são dolorosas fases da vida. Elas atingem também pessoas de grande santidade, verdadeiras fortalezas humanas, como Madre Teresa de Calcutá,

---

[4] Fowler propõe seis níveis ou estágios de fé, não hierarquizados, nem excludentes: Estágio 1. *Fé intuitiva-projetiva:* mágica, ilógica, mitológica, baseada em fantasias. Estágio 2. *Fé mítica-literal:* crença no poder dos símbolos, como se a relação se desse num banco acumulado ou uma fé de balcão. Estágio 3. *Fé sintética-convencional:* tende a um conformismo e envolve um complexo de significados; exemplo é a crença na família e reflete preocupação com outras pessoas e em regras que dão certo. Estágio de uma fé conformista. Estágio 4. *Fé individual-reflexiva:* caracteriza-se pela separação intelectual dos valores da cultura e da aprovação das pessoas; a pessoa confia em seu próprio conhecimento do mundo e o exemplo são explicações para preconceitos, a existência de ricos e pobres, o questionamento quanto à formação. Estágio 5. *Fé conectiva:* incorpora ideias inconscientes, como o poder da oração e o amor a Deus, e os valores racionais e conscientes, como o valor à vida em comparação com o valor à propriedade. Há disposição em aceitar contradições e até em criar paradoxos. É um tipo de fé que sintetiza conhecimento mágico dos símbolos. Estágio 6. *Fé universalizante:* as pessoas têm poderosa visão e compaixão, justiça e amor universais; vivem de um modo que outras as acham piedosas ou ingênuas, pois sacrificam até o bem-estar pessoal para ajudar os outros. Exemplos deste último nível de fé, em que alguma experiência particular modificou suas vidas, são: Maomé, Buda, São Paulo, Gandhi, Madre Teresa de Calcutá (FOWLER, James. *Stages of faith: the psychology of human development and the quest for meaning.* New York: Harper & Row, 1981, citado por BERGER, Kathleen Stassen. *O desenvolvimento da pessoa*: da infância à terceira idade. 5. ed. Rio de Janeiro: LTC – Livros Técnicos e Científicos, 2003, p. 320).

que viveram e escreveram sobre a "escuridão", a "solidão" e a "tortura" da ausência da fé. Apesar disso, essa albanesa vigorosa não mudou a rotina de seu exaustivo serviço de recolher os doentes, cuidar deles, consolando-os nas miseráveis ruas de Calcutá, na Índia. E ainda percorria o mundo em busca de recursos para continuar servindo. Mesmo experimentando momentos de aridez espiritual, Madre Teresa permaneceu fiel a sua dedicação aos pobres, o que confirma o seu valor. Sua figura aparece mais humana, próxima da nossa fragilidade, inspirando-nos para viver com seu exemplo.[5]

A espiritualidade é uma paz interior, mas não alheia ao mundo. Ela expressa a consciência de que não estamos aqui para nos satisfazer, mas para nos colocar a serviço das outras pessoas. Praticamente todas as filosofias religiosas têm por princípio o respeito ao outro.

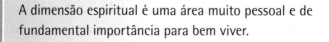

A dimensão espiritual é uma área muito pessoal e de fundamental importância para bem viver.

Para alcançar um estado de bem-estar pessoal buscamos maneiras de viver em harmonia. Cada um faz isso a seu modo, procurando compreender-se e à própria vida.

---

[5] BINGEMER, Maria Clara. Madre Teresa e a noite da fé. *Colunas de Maria Clara Bingemer*. Disponível em: <http://www.domtotal.com/colunas/detalhes.php?artId=1849>. Acesso em: 27 abr. 2011.

Alguns se sentem consolados e fortalecidos mediante a meditação, a oração, a leitura das Sagradas Escrituras, onde encontram referência a seu sistema de valores.

A realidade vivida nos apresenta as coisas espirituais como sendo difíceis de ser incorporadas na rotina diária, que está impregnada de providências materiais ligadas à sobrevivência. A sede contemporânea de liberdade tem negligenciado o lado espiritual e apresenta-o como ameaça ao ser humano. Alertas, como o do Pe. Larrañaga, mostram que "os golpes rudes da vida nos despedaçarão inevitavelmente se Deus estiver totalmente ausente do coração".[6]

Vivemos estímulos demais, sempre ocupados com atividades envolventes, problemas prementes a resolver, dedicação excessiva, quando não exclusiva, ao trabalho, poucas distrações, sem muita atenção às decisões a tomar e escolhas a fazer. Somos impulsionados à adrenalina, o estimulante secretado pelas glândulas suprarrenais, desde o homem das cavernas, ao se deparar com os perigos, até nossos dias, quando ficamos presos ao trânsito das cidades e rodovias congestionadas. Os batimentos cardíacos aumentam, eleva-se o nível de açúcar no sangue, a boca seca. Em estado de alerta máximo, o corpo se prepara

---

[6] *Arte de ser feliz*, segundo Ignácio Larrañaga. Entrevista concedida a Lídia González e Teresa de Diego, em Madri, a 12 de maio de 2008.

para uma reação imediata (agredir, fugir, ficar paralisado, por exemplo).

Em diferentes épocas, o homem enfrenta diferentes problemas. Se na pré-história o desafio eram os predadores, num passado recente era seguir ou não uma religião ou enfrentar doenças que ocorriam na forma de epidemia. Na atualidade, as preocupações estão entre o emprego (ter ou não um trabalho remunerado), o amor (achar um/a parceiro/a compreensível), o sucesso (por que nem todos são vitoriosos?), a informação (lutamos com seu excesso).

A hiperconectividade das redes sociais causa estresse. A sensação é de estarmos sempre desatualizados. No mundo moderno são muitas informações, palavras demais, barulho constante, demandas em excesso a nos bombardear. Agir e pensar tendem a ser operações compulsivas, mecânicas, que não nos deixam ser o que somos. A agitação nos dispersa e facilmente entramos em turbulência. Sentimos necessidade de silenciar. Uma retirada temporária do convívio com os outros ("Vai ao teu quarto e fecha a tua porta" – Mateus 6,6), sem ser uma fuga de nossas responsabilidades, pode ser uma estratégia de saúde mental recomendada no poema de Cecília Meireles:

Não fales palavras vãs.
Desfaze-te da vaidade triste de falar.
Pensa, completamente silencioso,

até a glória de ficar silencioso,
sem pensar.[7]

Com a devida atenção é possível diminuir a velocidade dos pensamentos para observar um silêncio em que o momento presente é vivenciado. Pela prática da meditação podemos separar os pensamentos da parte de nossa consciência que realiza a percepção, calando a mente que se encontra continuamente pensando no passado (memórias) ou no futuro (expectativas).

A palavra meditação vem do latim *meditare*, que significa voltar-se para o centro, levar a atenção para dentro de si, no sentido de desligar-se do mundo exterior. Meditação remete à concentração (linha oriental) e à contemplação (raízes cristãs) e se popularizou com variados nomes há séculos no Ocidente, através de métodos e espiritualidades orientais, desenvolvendo-se em diferentes culturas, como Egito, Índia, o povo Maia, os Monges do Deserto.

Apesar de associada a questões relacionadas à espiritualidade, a meditação pode ser praticada como um instrumento para o desenvolvimento pessoal em um contexto não religioso. O ambiente das escolas e os locais de trabalho deveriam propiciar um "espaço de silêncio"

---

[7] MEIRELES, Cecília. *Cânticos III*. Disponível em: <http://www.slideshare.net/edgararruda/ceclia-meireles-cnticos-rev>. Acesso em: 15 abr. 2012.

para que as pessoas pudessem ter um tempo para si, um refúgio da agitação, discernimento para suas escolhas, buscando forças para viver.

Caro leitor,
aqui estão algumas dicas do retirar-se para silenciar:

- Procure um lugar calmo, longe de barulhos, em ambientes internos ou junto à natureza.
- Sente-se confortavelmente (sem deitar-se), com a coluna ereta.
- Feche levemente os olhos.
- Esqueça o relógio por algum tempo.
- Respire profundamente mais de uma vez, relaxe seus músculos; descontraia todas as tensões.
- Esvazie a mente de problemas a resolver (preocupações, relacionamentos, saúde, trabalho, tarefas etc.).
- Repita silenciosamente, como mantra, uma palavra ou frase que lhe inspire sentimentos elevados. Ela será o seu guia, e, sempre que pensamentos e imagens afluírem, deixe-os passar e retorne, humilde e simplesmente, à repetição da palavra escolhida.
- Entregue-se ao seu momento de silêncio para se reequilibrar; dez a vinte minutos são o suficiente, duas vezes ao dia.
- Para voltar ao estado de vigília, respire fundo e saia do estado de meditação suave e vagarosamente.

Meditar é uma atividade da consciência mental, é conectar-se com o Criador. É ver além das aparências, enxergar o que esconde a beleza de uma flor, a imponência de uma árvore, o sorriso de uma criança, o voo de uma ave. Meditar é reservar um tempo para se encontrar consigo mesmo, fortalecendo suas energias interiores e o espírito; é fazer silêncio em você e com você. Calar não é apenas deixar de falar; é procurar ouvir a voz interior. É um processo de autoconhecimento, porque "cada um de nós carrega em si um lugar de silêncio", lembra o monge Anselm Grün.[8]

A meditação traz benefícios por nos tornar mais relaxados e menos ansiosos. O silêncio nos ajuda a lidar com as emoções (irritação, impulsividade, ansiedade, tristeza, desgosto, medo, alegria, cólera, surpresa). A experiência do silêncio modela a interioridade da pessoa; abre-lhe a mente e o coração. Dar uma parada não é fugir da vida, jogar tudo para o alto, evitar responsabilidades, mas, sim, perceber o que realmente precisamos para controlar as emoções e sermos condutores do nosso pensamento.

Vida espiritual

precisa ser cultivada. Os meios são: a oração, a tolerância com os outros e suas próprias falhas, o perdão (perdoar e perdoar-se), ser humilde, o que não se confunde com subserviência.

---

[8] GRÜN, Anselm. *O céu começa em você*. 16. ed. Petrópolis: Vozes, 2008, p. 23.

Uma vida que contempla a dimensão espiritual, tão necessária à realização humana, implica livrar-se das preocupações, desapegar-se das coisas supérfluas, cultivar um estilo de vida saudável, um coração agradecido. Essas e outras práticas benéficas para o corpo e o espírito tornam-se visíveis exteriormente numa vida mais serena, ponderada, satisfatória. Ao se abrirem novas dimensões espirituais – momentos não previstos, pontos não demarcados, situações a serem compreendidas –, exercem influência sobre nossos relacionamentos e trabalho, na maneira de reagirmos às decisões e desafios do dia a dia. Um novo conjunto de forças é liberado em nosso interior e sua constância pode levar ao fruto do Espírito, como diz São Paulo na Carta aos Gálatas (5,22), colhido na caridade, alegria, paz, paciência, afabilidade, bondade, fidelidade, brandura, autodomínio.

Uma vida que contemple a dimensão espiritual certamente nos leva a um encontro com nossa própria realidade. Conhecendo-nos, o resultado será uma vida mais estável, de liberdade de espírito e alegria do coração.

Entre na "Roda de Satisfação da Vida" e analise a dimensão espiritual

Que nota você daria, de zero a dez, ao mergulhar na dimensão espiritual?

- Cultivo espaços de vida que me alimentam espiritualmente e me trazem sossego e paz?
- Como avalio minhas conquistas? Quais são elas? São mais do plano material ou também são realizações no plano espiritual? Satisfazem-me?
- Concedo-me diariamente alguns minutos de total desligamento das exigências insistentes da vida?

[Nota: _____]

9. Família: o lugar do afeto

> Para compreender como a família passa
> de uma ficção nominal a grupo real,
> cujos membros estão unidos por intensos laços afetivos,
> é preciso levar em conta todo o trabalho simbólico e prático
> que tende a transformar a obrigação de amar
> em disposição amorosa e a dotar cada um dos membros da
> família de um "espírito de família" gerador de
> devotamentos, de generosidades, de solidariedades.
> (Pierre Bourdieu)[1]

A transformação que insufla o "espírito de família", apontada pelo sociólogo na epígrafe, é a transformação do amor – uma mudança qualitativa do "deve ser" para os braços abertos em acolhida, o aperto do abraço, a força do perdão.

A criação continuada do sentimento familiar se expressa nas inúmeras trocas da vida cotidiana, em serviços, atenções, ajuda e nos compartilhamentos extraordinários das festas familiares. Há um sentido de "ser família" que nos resgata ao mundo vivido: a família tem ritos próprios,

---

[1] BOURDIEU, Pierre. *Razões práticas*: sobre a teoria da ação. Campinas: Papirus, 1996, p. 129.

formais ou não, como as celebrações e datas festivas, ou mesmo os momentos de abraços e divertidas guerras de travesseiros. A família se comunica por olhares, gestos, sorrisos, maneiras de cozinhar, jeito de educar os filhos, conversas sem televisão, lembranças, histórias, dificuldades, alegrias, cuidados.

A imagem congelada num momento pelas fotografias da família reunida consagra o princípio da integração social. Para nós, comprova a realidade empírica da família – um poço de emoções díspares que todos experimentamos. Família é uma das dimensões da vida, a exemplo da saúde, cujo valor se evidencia quando a perdemos ou não a temos. Família é a dimensão do aconchego. Nela o ser humano se reabastece afetivamente, ganha energia para viver. As relações entre pai/mãe/filhos, as relações de parentesco têm conexões biológicas e afetivas que são fundamentais para a constituição da subjetividade, fazendo-nos sujeitos de nossas vidas. Portanto, com seus laços de consanguinidade e amor, sua característica definidora, a família é matriz da primeira rede de afeto.

Como fuga à impessoalidade muito presente nos relacionamentos intensos e fugazes da vida moderna, a família pode ser considerada um reduto das transações pessoais, diretas e fortes, interativas. Na concepção de Schutz, estamos diante do relacionamento do "Nós puro", concreto e atualizado, dotado de conteúdo.[2] Em família, vivemos juntos as experiências subjetivas de perceber, conhecer, compreender uns aos outros.

> A ternura de um abraço afetuoso dos pais, o exemplo nas atitudes e os ensinamentos valem mais do que muitos presentes ou mesadas.

Melhor do que bens materiais e palavras, o que vale é a educação coerente com o exemplo de vida; esse fica. A força da família está no amor que torna possível a convivência fraterna e solidária entre diferentes idades. O amor, entretanto, não nos chega pronto, como diz o escritor Michel Quoist:[3] ele é produzido e necessita ser sempre renovado. Não é um produto que compramos, mas uma peça de tecido que cortamos, montamos, modelamos, costuramos, vestimos. Não é um apartamento acabado, entregue com chaves na mão, mas uma casa a ser planejada, construída, sustentada e, também, reparada, recomposta, consertada.

---

[2] SCHUTZ, A. *Fenomenologia e relações sociais;* textos escolhidos. In: WAGNER, Helmut (Org). Rio de Janeiro: Zahar, 1979, p. 182.

[3] QUOIST, Michel. Disponível em: <http://palavrasinsuficientes.wordpress.com/2011/09/10/o-amor-nao-chega-pronto-michel-quoist/>. Acesso em: 1º fev. 2012.

Lar é o lugar ideal em que todas as diferenças desaparecem, por mais graves que sejam. Afinal, nas dificuldades é com a família que podemos contar, pois em todas as épocas tende a ser um espaço da reciprocidade social, por excelência. Podemos vê-la pela ótica do cuidado, uma ética do cuidar, quando se desenvolve uma preocupação direcionada, uma responsabilidade para com a vida do outro. Assim tem sido a expressão da afetividade dos pais em relação aos filhos e desses em relação aos pais, com algumas extensões de parentesco cada vez mais fluidas.

Às vezes colocamos nosso esforço em coisas menos importantes do que nas pessoas que amamos, sem nos dar conta do que realmente estamos perdendo. Na família nosso lugar é determinado, pertencemos a uma comunidade de sangue e amor; no trabalho, nosso posto é passageiro. Se morrermos, a empresa onde trabalhamos nos substituirá em questão de dias, mas as pessoas que nos amam, na família, sentirão essa perda para o resto de suas vidas. Raramente paramos para pensar nisso.

Lições de amor
- Perdemos tempo sendo carinhosos?
- Dizemos sempre, de coração, "eu te amo", ou um "muito obrigado" com um sorriso?
- Expressamos a cada pessoa da família o quanto ela é importante para nós?

Muitas vezes agimos rudemente sem perceber o quanto machucamos os entes queridos. O perdão não apaga a memória histórica dos fatos, mas cancela seus efeitos. Perdoar e perdoar-se são traços divinos em nossa frágil humanidade e fazem-nos dar o devido valor ao que merece ser relevado. Em troca, criamos um espaço para "reparar" corações. Pode não ser fácil para nosso orgulho perdoar, mas é essencial aprender a perdoar e ser perdoado de maneira sadia, sem culpas nem revanchismos:

> O perdão é propriamente divino. [...] ocorre que o Eu que se abre para algo maior do que ele próprio, nesse instante, para além do Eu, o perdão se manifesta; este vai além do dom, além da aceitação. [...] somente Deus poderá perdoar; no entanto, ele perdoa o homem através do homem. [...] Nesse aspecto, encontramo-nos no âmago do Evangelho, no Pai-Nosso: "Perdoai-nos, como nós perdoamos...".[4]

As primeiras necessidades do ser humano são satisfeitas na família, onde o aprendizado dos referenciais elementares de relacionamento social acontece. A família constitui, portanto, a versão mais compacta da *network*, a teia de relações em que nos enredamos, capaz de nos fazer humanos, sociáveis, políticos, pessoas plenas para o exercício da cidadania.

---

[4] LELOUP, J. *Amar... apesar de tudo.* Campinas: Verus, 2002, p. 20.

O sentimento familiar, baseado no "princípio afetivo de coesão", significa que a adesão a um grupo por parentesco e afinidade merece ser alimentada, pois o ser humano necessita de um espaço físico e social que ofereça segurança para seu desenvolvimento emocional.[5] Encontrar o ponto de equilíbrio na diversidade das relações sociais é o único caminho para o bem-estar familiar.

 Vida em família é perdoar e perdoar-se.

A família é como uma equipe das tantas nas quais trabalhamos e participamos, mas de todas é a mais importante. Nela, a moeda não é o dinheiro, mas o amor. A família pode ser comparada a um porta-aviões de onde as pessoas saem para voos mais ousados. Quando o ponto de partida é frágil, o voo é inseguro. A família prepara o indivíduo para viver em sociedade. Em família exercitamos nossa personalidade, adquirimos caráter, vivemos grandes emoções de paz e conflitos, aprendemos valores sociais, compartilhamos, somamos e dividimos.

Na família nos construímos enquanto sujeitos, convivendo protegidos naquilo que o sociólogo Anthony

---

[5] BOURDIEU, P. Op. cit., 1996.

Giddens chama de democracia das emoções.[6] No seu interior, lidamos com a diversidade de pessoas e situações, e, nesse sentido, a família desempenha importante papel para a permanência social, sobretudo para a integridade psíquica dos seus membros. Nela nos iniciamos, aprendendo a fazer a poda da "nossa árvore da vida". A família é a grande escola: são exercícios de paciência e compreensão, educando nossa impetuosidade e ansiedade nas relações entre diferentes gerações. Nela, crianças e adultos assumem suas responsabilidades em todas as idades.

> Os pais não podem prescindir do seu papel de educadores, da importância de estarem presentes na vida de seus filhos, que são seu maior legado.

A família é fonte de identidade pessoal. Ela marca a vida da criança e também do adulto, por abrigar a polaridade dos sentimentos de amor e ódio, seja nas dificuldades das separações, seja nas revoltas individuais próprias da adolescência. As relações pais e filhos guardam uma situação de desequilíbrio pelo poder envolvido e sua importância para o processo de socialização/educação. Os vínculos de afeto estabelecidos são formados num contexto de dependência infantil e têm um nexo

---

[6] GIDDENS, Anthony. *Mundo em descontrole*. 3. ed. Rio de Janeiro: Record, 2003.

psicológico no qual a criança desenvolve a capacidade de estabelecer mais tarde laços íntimos na vida.[7]

> **Teste do coração**
> - Você já parou para pensar como está seu ambiente familiar?
> - Existe harmonia na sua família?
> - Diante de atritos, pequenos ou grandes, você normalmente põe mais lenha na fogueira ou água na fervura?
> - Você dedica tempo à família? Isso o faz estar junto aos filhos, ao companheiro(a) com maior qualidade de presença?
> - Como distribui a atenção entre seu trabalho e sua família?
> O tempo é igual para todas as pessoas e se apresenta como uma questão de prioridade.
> Tudo depende do uso que dele fazemos. Sem culpas ou desculpas, dosemos a vida para abrigar o que há de melhor a cada momento.

Como unidade básica, a família vem sofrendo um enfraquecimento no mundo ocidental. Célula *mater* da sociedade, responsável pela vivência dos primeiros papéis sociais e por representar nossa experiência inaugural

---

[7] GIDDENS, Anthony. *Modernidade e intimidade*. Rio de Janeiro: Jorge Zahar, 2002, p. 94.

de hierarquia, a família tem demonstrado, no entanto, ter menos influência sobre o comportamento dos seus membros, por dividir sua função de socialização e de transmissão de valores com a escola, os meios de comunicação, o trabalho e outros grupos sociais.

Se como instituição social ainda é atribuído à família um papel de estabilidade e segurança que são buscados pelo ser humano, ela vem apresentando uma transformação avassaladora, no último século, mostrando sua vulnerabilidade e, paradoxalmente, sua capacidade de reinstituir-se. Quando a família se altera, também a sociedade sofre mudanças. A família já teve incumbência social na primazia de reprodução biológica da espécie humana e pilares mais sólidos como unidade reprodutiva de ideologia. Sua constituição vigorosa de valorações conservadoras devia-se a resquícios da família patriarcal brasileira, por exemplo. Mas, como todo fenômeno histórico, ela permanece e se altera.[8]

Sacudida por afoitos ventos de costumes em mudança, a família tem-se alterado, não apenas formalmente como instituição social, mas também como núcleo

---

[8] A Constituição do País de 1988 alterou a configuração de uma família como a união estável entre homem e mulher, permitindo a equiparação dos cônjuges, a não discriminação dos filhos, os vínculos de parentesco. O Código Civil brasileiro, texto de 2002, contempla o princípio da isonomia – homens e mulheres possuem direitos iguais –, cabendo ao pai e à mãe, em igual medida, cuidar da sua família.

confluente de laços solidários. A composição de pai, mãe e filhos tem dado lugar a novos arranjos familiares: da família extensiva à nuclear, da família patriarcal à monoparental ou à pluriparental.

Multiplicam-se as possibilidades de viver em família e ainda são indefinidas as formas que tomam. Estamos entre ação e afirmação de objetivos que não são necessariamente escolhas nossas, como pondera Ulrich Beck em sua Tese n. 11: "A estrutura social da vida própria se forma de uma progressiva diferenciação":[9] ora nos afirmamos enquanto indivíduos, ora nos deixamos seduzir pelo processo de globalização. Fenômeno recorrente tem sido o enfraquecimento dos vínculos sociais nas muitas dimensões da vida, incluindo-se a familiar e a profissional, como analisa o sociólogo Richard Sennett.[10]

Muitas mudanças decorrem da própria instabilidade familiar e da liberdade conquistada por seus membros. São formas novas de sociabilidade e convívio que trazem inusitadas questões. Estamos diante de uma família mais complexa, que não corresponde aos seus papéis tradicionais. Nela, as regras e responsabilidades requerem negociação entre seus membros. Os papéis não estão dados inquestionavelmente; são hoje intercambiáveis.

---

[9] BECK, U. Op. cit., 2008; Tese n. 11.

[10] SENNETT, Richard. *A corrosão do caráter*: consequências pessoais do trabalho no novo capitalismo. Rio de Janeiro: Record, 1999.

Um "novo" jogo da "velha família"

X	O	V
V	O	V
O	X	X

Nesses espaços quadriláteros você vai compor o que poderíamos chamar de "universo de sua família". Escolha nove alternativas no conjunto dos grupos, selecionando o que melhor expressa a família para você, em termos de sentimentos, identificações e acontecimentos, e sinalize-os nos espaços do jogo da velha. Observe o que predomina.

(X) Sentimentos/atitudes:
Confiança – Segurança – Apoio – Lealdade – Cumplicidade – Amor – Dependência – Aceitação – Proteção – Respeito – Chantagens – Privacidade – Submissão – Aconchego – Estímulo – Ensinamentos para a vida – Aprendizado contínuo – Disciplina – Cuidado

(O) Identificações/símbolos:
Lar – Valores – Intimidade – Formação moral – Nós – Comunicação – Controle – Conflito – Limites –

Convivência – Amadurecimento – Identidade – Educação – Socialização – Diferenças de idade – Tradições – Relações sociais intensas – Genética (ascendência/descendência) – História comum – Exemplos – Autoridade paterna/materna – Solidariedade/cooperação – Aconselhamento

(V) Acontecimentos marcantes próprios e correspondentes:
Hábitos – Influências mútuas – Brigas – Festas – Sustento material – Rotina – Viagens de férias – Casa – Refeições – Nascimentos – Mudanças – Necessidades – Diferenças de gostos – Compartilhar – Perdas – Repartir – Aniversários

Monte o seu jogo cruzado. Observe que em outros momentos da vida essa composição se altera e suas opções podem ser outras.

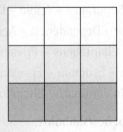

Verdadeiro campo de luta entre a tradição e a modernidade, a família é uma construção constante e seu perfil

mudou muito nos últimos cinquenta anos. As categorias de grupo da sociedade industrial, como classes sociais, papéis distintos por sexos e família nuclear, por exemplo, vêm sendo superadas e transformadas do ponto de vista cultural num ritmo rápido e intenso. Que diferenciação é essa que afeta as instituições sociais básicas? As mudanças no tamanho, valores e papéis sociais da família remetem-nos a novos hábitos e estilos de vida, à acelerada urbanização, às transformações no mercado de trabalho, à ampliação dos níveis de escolarização, à emergência de novas culturas, à massificação dos meios de comunicação, ao crescimento do trabalho feminino, à elevação no grau de instrução das mulheres, à banalização do amor, aos movimentos feministas e à dinâmica das relações de gênero.

Mesmo em franco processo de mudanças, a família não tende a desaparecer facilmente. Ela é o lugar primário das relações interpessoais. Qual mãe, a família insufla vida, abriga e desprende-se dos seres que gera e entrega ao mundo; verdadeira pedra angular da continuidade da espécie em seu papel de reprodução e manutenção da essência humana. No interior da família, as mudanças são processadas de modo experimental e embrionário, o suficiente para garantir aos seus membros o enfrentamento das rupturas e a perseguição às descontinuidades que a sociedade apresenta. Um dos enfrentamentos vem sendo o grave problema das drogas, um inimigo escorregadio e fatal na família, presente em todos os níveis sociais e econômicos, reflexo de uma sociedade permissiva. O

157

sociólogo Edgar Morin nos alerta: "o fortalecimento das nossas preocupações com a identidade e a reação à autonomia dos indivíduos vêm apontando no sentido de uma restauração moral e psicológica da família".[11]

Entre na Roda de Satisfação da Vida e analise a dimensão familiar

Dê a si uma nota de zero a dez, questionando-se sobre a dimensão familiar que nutre a sua "Árvore da Vida":

- Entre todas as atividades que desenvolvo, qual é o espaço que reservo a minha família?
- Como acontece o convívio na família?
- Como me relaciono com meus pais, meus filhos, minha mulher (meu marido), parentes e agregados? Como eles me vêm?
- Há mútua sustentação afetiva e material entre nós?
- Tenho prazer de retornar para minha casa ao fim do dia ou nos finais de semana?
- O Meu Projeto de Vida contempla a família?

[Nota: _____]

---

[11] MORIN, E. *O método 5*: a humanidade da humanidade; identidade humana. 3. ed. Porto Alegre: Sulina, 2005.

10. Conviver – a questão da amizade

> Os amigos que são amigos trocam sentimentos, enquanto amigos profissionais trocam cartões de visita.
>
> (Armelino Girardi)[1]

Você se lembra da quantidade de pessoas que já passou por sua vida? Qual é a sua lembrança mais singular? Certamente foram muitos os relacionamentos profissionais, sociais, pessoais! Você nem lembra os nomes das pessoas ou, quando muito, guarda um cartão de visita. Eles foram colegas que, assim como os cometas, sumiram... Alguns poderão retornar, mas serão contatos passageiros, pontuais, de conveniência. Ainda estarão na condição de cometas?

Há nas amizades mais do que encontros por algum interesse específico; elas vão além do coleguismo. As amizades se nutrem das afinidades que aproximam as pessoas. É possível tornar-se amigo de um colega. É possível a proximidade no trabalho ou o interesse compartilhado propiciarem o nascimento de uma grande

---

[1] GIRARDI, Armelino. *Desaposentado, melhor agora*. 2. ed. Curitiba: Clube dos Desaposentados, 2009, p. 105.

amizade, mas ela só será amizade de fato se a ligação com a outra pessoa for valorizada em si mesma. Essa é a condição explícita para o que chamamos amizade, ou seja, um amigo é alguém com quem se tem uma relação que não depende de nada mais senão da convivência que essa relação oferece. Isso é fundamental para reconhecer uma amizade.

Diferentemente da Antiguidade, quando os gregos não tinham uma palavra para "amigo" (*philos* era usado para se referir aos parentes, afins), no sentido de hoje a amizade é uma escolha espontânea, uma eleição da nossa parte. Podemos ser seletivos quanto às amizades. Uma das dimensões mais enaltecidas da vida social é justamente a das relações sociais propriamente ditas, também idealizadas. Às vezes nos decepcionamos com amigos, mas continuamos a acreditar na amizade. Graças a um voto de confiança renovado, persiste esse campo de ação e de grande prazer na vida social, pois precisamos conviver, somos gregários. Formamos uma corrente de ações mútuas por meio das relações sociais.

Pare e pense

Quais são as pessoas que provocam admiração em você por algum aspecto (caráter, atitudes, sucesso profissional, vida familiar, lealdade na amizade e outros motivos que só você sabe o valor)?

Como indivíduos, mantemos uma aparente relação de independência com a natureza e uma relação de autonomia quanto às estruturas sociais, ou seja, vivemos como se não fizéssemos parte da natureza, nem dependêssemos do aparato institucional das relações que nos dão suporte social. Mas dependemos da natureza para sobreviver e da sociedade para nos desenvolver. As formas societárias duradouras e significativas abrigam a convivência entre pessoas sem anular a individualidade de cada uma.[2] Por sermos seres dependentes e associativos, temos dificuldades para viver sozinhos.

É em contraste com os outros que afirmamos a nossa individualidade. Somos especiais e inconfundíveis, diferentes como os dedos das mãos, embora juntos formemos o todo social. Vivemos em família, no ambiente do trabalho, em círculos de amizades e diferentes interesses. Convivência significa "com + viver", "viver com", estar com outros, viver juntos, trocar experiências. É o intercâmbio de nossas experiências que confere ao mundo um caráter intersubjetivo e social, esse "entre nós", concebido por Schutz.[3] Mas, admitamos, conviver é difícil. Interação implica também conflito, campo de tensões sociais, exposição de nossas expectativas em relação ao

---

[2] ARAÚJO, Silvia Maria de. Indivíduo e sociedade. In: *Para Filosofar*. 5. ed. reform. São Paulo: Scipione, 2007, pp. 127-152.

[3] SCHUTZ, Op. cit., 1979.

outro, o que pode acarretar cobranças e/ou frustrações. O autocontrole e a disciplina pessoais são a base para um bom relacionamento.

> **Vida de amigo é:**
> conviver, num aprendizado contínuo de avaliação de nossas limitações e das dos outros.

Na convivência nos defrontamos com diferenças pessoais e individuais (de personalidade, formação e valores morais, entre homens e mulheres, entre as gerações e outras), que se somam às desigualdades presentes entre as classes sociais, os estilos de vida, os hábitos culturais, além dos preconceitos e discriminações sociais. As relações sociais são fundamentalmente assimétricas, contrapostas e dificilmente ocorrem entre iguais. Admitem luta latente, tensão implícita ou explicitamente manifestada em competição, de modo especial no ambiente de trabalho, muitas vezes encontradas também no interior da família.

O individualismo, fenômeno complexo, amplo e profundo, com raízes no campo da política e da economia, também se expressa na convivência cotidiana. Como um traço marcante da era moderna, o individualismo é um modo de rejeição a formas solidárias de ação. Originário no âmbito do livre mercado, o comportamento individualista impregnou as relações sociais, dando vazão ao sentimento exclusivista, estimulando uma cultura materialista do consumo. Passando pelo individualismo e pelas relações mais descomprometidas, as crises da sociedade se apresentam como ameaças endereçadas a cada indivíduo, que se considera artífice de si mesmo, do tipo "tudo depende de mim".

O enunciar pela mídia de uma crise qualquer – econômica, política, moral – já provoca em nós receio de avançar e captamos a mudança em pleno processo. No mundo atual, como se refere Ulrich Beck em sua Tese n. 6: "As crises sociais são percebidas como riscos individuais".[4] Sentimo-nos ameaçados pela instabilidade da sociedade contemporânea em mudança veloz, intensa e extensiva.

Com a comunicação virtual, os avanços da tecnologia na era da informação tendem a tornar as relações entre as pessoas mais superficiais e vazias de conteúdo. O virtual afeta a psicologia das pessoas, deixa-as menos responsáveis. "As pessoas físicas perdem relevância. Fazem-se presentes pela imagem e pelo som. A ilusão física cresce", mas não se iguala à imagem real, analisa o teólogo João Batista Libanio.[5] Sem muita emoção e afeto, falta o "humano" na comunicação virtual. Embora os meios de

---

[4] BECK, U. Op. cit., 2008; Tese n. 6.

[5] LIBANIO, J. B. Caminhos de existência; o caminho das relações virtuais. *O Domingo*, n. 56, ano LXXIX, 27 de novembro de 2011.

comunicação interpessoais sejam socializados, as relações contemporâneas tendem a ser:

- impessoais (as pessoas desconhecem o nome de seus vizinhos, por exemplo);

- formais e contratuais (expressas na diferença que fazemos entre amigos e colegas de trabalho);

- utilitárias (quando alguém se aproxima pelo fato de o outro ser pessoa influente ou bem relacionada);

- realísticas (diante do anonimato e da violência prevalentes, ficamos confusos quanto às intenções nas aproximações);

- especializadas (as pessoas se relacionam em função de interesses específicos, ocupação profissional, objetivos humanitários, políticos, religiosos e outros; são os chamados grupos de interesse).

Há meios que facilitam a aproximação entre as pessoas, do contato face a face à comunicação virtual. É da natureza social do homem constituir unidades de atividades: famílias, empresas, associações diversas, que respondem pelas funções institucionais básicas. A essa capacidade humana de constituir grupos dá-se o nome de *sodalidade*, em menção a sodalício ou confraria, lembrando o quanto somos gregários.

> A comunicação "olhos nos olhos" não dá margem para subterfúgios, é mais direta, transparente e emotiva.

A mútua influência entre as pessoas e grupos com afinidades supõe a troca de experiências. Quando a agremiação de pessoas faz circular as informações, estabelecendo redes sociais que compartilham interesses, gostos, opiniões, o fenômeno da sociabilidade acontece. Manter unidos os grupos e as redes sociais, fazendo-os perdurar com coerência e amplitude, implica a capacidade humana de socialidade, que encontramos nas tribos, nas nações e em outras formas societárias.[6] Nela se destaca a interação entre os indivíduos por suas tradições e cultura; e também nela racionalidade e sentimentos se imiscuem, correspondendo às manifestações simbólicas das artes, literatura, cinema, produção cultural etc.

No âmbito das trocas interpessoais intensas, cultivamos as amizades – essa formação de laços sociais cantada em prosa e versos. Da amizade nos valemos não apenas para a descontração de um bate-papo, mas nas horas de real necessidade, sobretudo ao nos sentirmos frágeis em face dos revezes da vida. Quando a solidariedade dos

---

[6] BAECHLER, Jean. Grupos e sociabilidade. In: BOUDON, Raymond (Dir.). *Tratado de sociologia.* Rio de Janeiro: Jorge Zahar, 1995, pp. 65-106.

amigos acontece, a dimensão humana cresce. Assim, o poeta Gibran Khalil Gibran nos dá uma

> **Lição de Vida**
> *Vosso amigo é a satisfação de vossas necessidades. [...] achais que seja vosso amigo para que o procureis somente a fim de matar o tempo? Procurai-o sempre com horas para viver. Pois o papel do amigo é o de encher vossa necessidade, e não vosso vazio.*[7]

Os níveis de relacionamento variam de pessoa para pessoa e, apesar disso, a aptidão para conviver em diferentes círculos de amizade é a base de um desenvolvimento social satisfatório, respeitoso, gratificante. Precisamos sair de nossa zona de conforto individual para crescer como pessoas sociáveis, autênticas, realizadas, bem resolvidas.

> **Caro leitor,**
> - Quem são os amigos que fazem parte de sua vida?
> - Por que você listou-os como seus verdadeiros amigos? O que eles têm em comum com você e o que os une?
> - Quem são seus amigos fora do ambiente de trabalho?

---

[7] GIBRAN, Gibran Khalil. *O profeta*. 6. ed. Rio de Janeiro: Civilização Brasileira, 1969.

A participação social se faz pela reciprocidade existente nas relações sociais. Há um intercâmbio entre dois ou mais sujeitos (intersubjetividade), uma troca de afetos, perspectivas de vida, comunhão de sentimentos e opiniões que faz com que a amizade recomponha a vida associativa e nos sintamos bem quando juntos.

As ações sociais envolvem comunicar e comunicar-se de forma verbal, gestual, visual, musical, direta, virtual, enquanto atos de abertura para o mundo que os outros interpretam. No processo de comunicação há a simultaneidade para os participantes e se estabelece uma nova dimensão do tempo: ele e eu, nós compartilhamos a vida, enquanto o processo dura. Esse é um tempo vivido em comum e explica por que nossos registros sobre uma amizade que não víamos ou ouvíamos havia tempo rapidamente se atualizam e a comunicação flui como se tivéssemos nos encontrado no dia anterior. A verdadeira amizade vai além da mera troca de cumprimentos: "Como vai? Tudo bem?".

A simultaneidade na comunicação leva a não sentirmos o tempo passar quando conversamos descontraidamente com amigos ou estamos numa festa. É uma percepção do tempo bem diferente daquela em que desempenhamos uma tarefa com prazo para finalizar, estudando ou trabalhando pressionados pelas circunstâncias, ou vivendo uma situação tediosa.

As relações sociais de amizade e as manifestações de coleguismo reproduzem a capilaridade da seiva em nossa "árvore da vida": sua ramagem, os galhos e as folhas dão uma cobertura verde de acolhimento e proteção ao entorno. As relações entre as pessoas são sistemas baseados no binômio natural semear/colher. Um relacionamento amistoso é planta cultivada, requerendo cuidados, tempo, dedicação, reciprocidade, lembranças, respeito e, sobretudo, lealdade para que o sentimento de confiança possa florescer.

Quem são nossos amigos? O que temos feito por eles? Não vamos reproduzir um dos grandes problemas do homem moderno: sem tempo para fazer amigos e quando os tem, não os conserva. O fundador do movimento internacional escoteiro, Baden Powell, dizia que a riqueza de uma pessoa não se mede pela quantidade de ouro em seu cofre, mas pela qualidade das amizades em seu ambiente.

Não há muito a inventar, criar, inovar para falar de amizade. Hoje a multiplicação dos breves escritos da internet e sua disseminação rápida por tantos meios facilitadores só reafirmam como são conjugadas as palavras amigo, confiança e coração:

Amigo...
é aquela pessoa que o tempo não apaga,
que a distância não esquece,
que a maldade não destrói.

[...] Ser amigo não é coisa de um dia,
são atos, palavras e atitudes que se solidificam no tempo
e não se apagam mais,
que ficam para sempre
como tudo que é feito com o coração aberto.[8]

Entre na "Roda de Satisfação da Vida" e analise a dimensão social

Que nota, de zero a dez, dou para:
- o meu círculo de amizades?
- o meu espírito de coleguismo?
- a minha disposição em fazer amigos e conservá-los?
- a minha capacidade de entendimento das diferenças e afinidades entre as pessoas?
- o meu nível de real convivência?

[Nota: _____]

---

[8] Disponível em: <http://www.simoneautoajuda.com/poesia_amigo.htm>. Acesso em: 20/1/2015.

11. Sem confiança não há relacionamento íntimo

> Como poderei viver, como poderei viver,
> sem a tua, sem a tua, sem a tua companhia...
> (Cantiga popular infantil)

O relacionamento íntimo, aquele em que depositamos total confiança, é uma das dimensões da vida que passaram por vigorosas transformações com o advento da pós-modernidade. Expõe nosso lado preservado da vida, no qual dividimos as alegrias e tristezas, compartilhamos a intimidade com quem amamos. A dimensão do relacionamento íntimo se afirma como a única exclusivamente opcional. Ela implica a existência de um(a) companheiro(a) em nosso dia a dia.

Pare e pense
Já deu um beijo hoje em quem reparte com você o pão com manteiga?

A privacidade é uma conquista histórica do desenvolvimento da pessoa como objeto de atenção científica na modernidade, que alargou os horizontes culturais. A procura da intimidade é a tentativa de assegurar uma vida significativa longe dos ambientes públicos. Na sociedade contemporânea a pluralidade das concepções e comportamentos emerge e permite aflorarem temas antes tratados de forma universal e homogênea. Caem por terra muitos tabus culturais e a ambiguidade habita entre nós sem mais explicações.[1]

É no quadro da pós-modernidade, que ainda não substituiu as certezas da tradição e do hábito pela certeza do conhecimento racional, que o sociólogo Anthony Giddens analisa a vida individual e as mudanças nas instituições modernas.[2] Como se entrelaçam? Amplos processos sociais causam impactos sobre o eu e de certa maneira o constituem. Como os eixos de tempo e espaço ficam indefinidos, as relações sociais tradicionais se "desencaixam", ou seja, não atendem mais às suas finalidades e atuam na natureza da vida cotidiana. Transforma-se o modo de ser da sociedade com reflexos sobre o conteúdo do mundo vivido.

Trepidam as instituições sociais sujeitas a abalos, como o próprio ecossistema. Estamos envolvidos em uma sociedade na qual a condição de ameaça faz com que nossas vidas se tornem também uma biografia de risco,

---

[1] BAUMAN, Z. Op. cit., 1999, p. 271.

[2] GIDDENS, Anthony. *As consequências da modernidade*. São Paulo: Unesp, 1991.

vulnerável, exigente de uma realização visível ao olhar de muitos e, de preferência, rápida.

> **Caro leitor,**
> Cuidado! A cultura do descartável ameaça invadir também os relacionamentos de intimidade. Não somos objetos.

As relações na intimidade vêm confrontadas com novas contingências:

- a instabilidade posta na vida material, psíquica e social, em função de uma maior mobilidade no trabalho de homens e mulheres;

- as mudanças culturais na divisão dos papéis na família;

- a espera da felicidade imediata e pautada por valores materialistas, como algo que se compra no supermercado;

- a dificuldade de aceitar um relacionamento comprometido para toda a vida, num mundo em que tudo parece provisório.

Ao colocar no mesmo nível a condição da mulher e a do homem, a sociedade ocidental fez surgir conflitos antes abafados; a separação é um deles e ronda a precária estabilidade dos relacionamentos íntimos. Como

173

um paradoxo diante do mundo anônimo e da sociedade atomizada, onde o cálculo e o interesse predominam, o casamento significa intimidade, proteção, cumplicidade, solidariedade. Assim, o casal, refúgio contra a solidão, o desespero e a insignificância, renasce incessantemente, ensina-nos uma autêntica

> **Lição de Vida**
> *A família está em crise, o casal está em crise, mas o casal e a família são respostas a essa crise* (Edgar Morin).[3]

Diferentemente dos que nos antecederam, o mundo atual é único à nossa experiência pela fragmentação dos valores postos na relação humana. A dúvida, característica da razão crítica moderna, permeia a vida diária e sua consciência. A dúvida e a dispersão atingem a intimidade do eu e, por decorrência, do casal, dos laços familiares. Nesse sentido, a mídia impressa e eletrônica desempenha um papel primordial na influência de acontecimentos distantes, trazendo-os ao nosso conhecimento como algo recorrente, corriqueiro. Os grandes eventos e mudanças perdem sua importância. Livros, jornais, revistas, televisão, rádio, internet, pesquisas, debates, entrevistas,

---

[3] MORIN, E. Op. cit., 2005, p. 174.

publicidade apresentam as visões e disposições comportamentais do âmbito da intimidade. Expõem-na excessivamente, banalizando o sentimento do amor muitas vezes.

Na interação entre o local e o global está a transformação da intimidade. A intimidade moderna se pensa, coloca-se como questão. Surgem novas esferas da vida pessoal nos domínios da sexualidade, do casamento, da amizade. Tem-se apresentado uma relação na qual os critérios externos se dissolvem, e não mais se baseia no dever social ou obrigação tradicional. Hoje os laços são escolhidos e, independentemente da instituição casamento, os relacionamentos tendem a uma "relação próxima", aquela que existe pela recompensa da própria relação. Sem qualquer conotação com pureza sexual, a "relação pura" não se confunde com o comportamento do "ficar", exclusivista e descomprometido, nem com as formas conservadoras de uniões por mero interesse e conveniência sociais.

Uma "relação pura" pressupõe o "eu" (*self*) capaz de pensar em si, seus alcances e limites. Ao refletir sobre sua condição de existência, a pessoa admite a sua relação com os outros, tornando mais fluido o convívio. Somente no tempo desta modernidade tardia foi possível à sociedade pensar a si própria.

Tomamos por base as ideias de Giddens e apresentamos algumas das características sobre o relacionamento próximo,[4] uma dimensão renovada na sociedade contemporânea:

- As relações de intimidade são construídas culturalmente. Essa é uma visão que se impõe.

- São basicamente relações de gênero e envolvem as normas que conformam o comportamento sexual na sociedade de hoje, onde os papéis masculinos e femininos não respondem mais a uma visão rígida do mundo.

- Todo casal é o encontro de duas heranças, modelos diferentes de famílias, personalidades, cada qual com seus princípios, seu código de linguagem, ainda que haja certa homogeneidade cultural em suas origens.

Na vida a dois, a prática do diálogo produz princípios comuns, pontos de acordo baseados em convicções íntimas, formando o novo projeto do casal.

- Importa a satisfação emocional para que a relação próxima persista. Ela não se ancora em condições

---

4 GIDDENS, A. Op. cit., 2002.

exteriores da vida social e econômica, mas em sentimentos correspondidos por seu valor intrínseco.

- Nas relações que existem por si mesmas, se algo vai mal com um dos parceiros, ameaça a própria relação, também ela sujeita a tensão e recompensas.

- Numa relação de intimidade conta muito a diferença entre homens e mulheres em suas reações e percepções. Há reciprocidade entre o que cada um traz para a relação:

Se buscarmos amor, então muito provavelmente nossos parceiros nos demandarão reciprocidade – responder com amor. Isso significa que atuamos de modo a confirmar a realidade da experiência de nosso companheiro: compreender ao mesmo tempo em que buscamos compreensão. Idealmente, cada companheiro se empenhará em ver sentido no mundo do outro. Entretanto, as duas realidades não serão idênticas.[5]

- A "relação pura", no sentido de que se basta, é organizada reflexivamente na sociedade contemporânea e ganha dimensões públicas, ou seja, é fenômeno social tratado na mídia e objeto de políticas públicas.

---

[5] BAUMAN, Z.; MAY, T. *Aprendendo a pensar com a sociologia*. Rio de Janeiro: Zahar, 2010, p. 139.

- Em todos os contextos culturais, numa relação próxima, está presente o componente do "compromisso". Uma pessoa "comprometida" é alguém que está disposta a aceitar as tensões existentes numa relação. De construção difícil, o compromisso supõe compartilhar a privacidade e implica fidelidade e confiança.

> O compromisso na relação de intimidade é fruto de uma decisão. E amar é uma decisão.

- Condição principal da "relação pura" é a intimidade, sentimento de estarem ambos emocionalmente satisfeitos. A intimidade não se confunde com a falta de privacidade e requer alcançar certo equilíbrio entre a autonomia individual e o compartilhar de sentimentos e experiências, a cumplicidade. A intimidade só é possível quando os parceiros "trabalham-se" psicologicamente e, seguros de sua biografia, comprometem-se com a "qualidade da relação".

- Numa relação de proximidade há um reconhecimento mútuo das personalidades envolvidas e, nesse confronto, afirma-se a autoidentidade.

> Partilhar experiências e histórias vividas estimula uma agenda comum aos planos de vida do casal.

- Um relacionamento prazeroso e duradouro depende da confiança construída entre os parceiros envolvidos. Um indivíduo tanto deve ser confiante quanto confiável. A confiança não está dada para sempre, precisa ser ganha, ela é a base da intimidade e garante trocas, respeito, cuidado.

> Vida a dois é compartilhar o máximo de confiança possível.

O "amor nosso de cada dia" é um desafio

As livrarias estão lotadas de manuais de terapia interpessoal e é difícil tratar o tema do relacionamento íntimo sem apresentar algumas propostas práticas de como criar confiança numa relação. As recomendações são variadas e procuram despertar a pessoa para uma dimensão primordial na vida: a da intimidade.

Se não temos vontade de voltar para nossa casa, para o convívio com o(a) companheiro(a) ao fim de um dia de trabalho, precisamos rever o relacionamento, reavaliar nosso posicionamento a respeito da construção da confiança e do valor da intimidade compartilhada. Moramos em um local (casa), mas necessitamos habitar um lar (*laris*, "lareira/fogo", etimologicamente). Essa transformação requer criar uma atmosfera de atenção e prazer por estarem juntos, mediante o desenvolvimento de atividades mutuamente envolventes (recreativas, sociais, intelectuais e outras), mas também pela sutileza e sinceridade de um elogio, um sorriso, um olhar especial, uma ajuda, a descoberta de uma qualidade a mais no(a) parceiro(a).

Cada um precisa conhecer a personalidade do outro e ser capaz de saber como obter certas respostas da pessoa envolvida. A autenticidade tem papel importante na autorrealização e requer autodomínio. Para construir um relacionamento próximo é essencial o autoconhecimento que leva à aceitação de si mesmo, pois desenvolver uma autoimagem confiante ajuda a crescer emocionalmente.

Dispor de tempo para ouvir o outro diariamente é fundamental: a intimidade depende da comunicação. Esse falar e ouvir não deve se limitar aos eventos do dia, mas inclui compartilhar sentimentos e, se houver questões substantivas a enfrentar, devem ser discutidas seriamente. Existem áreas importantes do relacionamento íntimo honesto que precisam ser discutidas e satisfazer a ambos: gastos com compras e serviços, tarefas da casa, interferências da família extensiva, sexo, educação dos filhos, gostos diferenciados, trabalho, saúde, valores, atividades sociais, amizades, limitações diversas.

Jogo rápido
Você conhece realmente o seu par?
Então, liste pelo menos três
- Preferências do(a) seu(sua) companheiro(a):

_____

- Prioridades de sua vida em comum:

_____

- Interesses que os aproximam:

_____

- Diferenças que são respeitadas entre vocês:

_____

- Temas de seus diálogos mais frequentes:

_____

- Qualidades com as quais gostaria de ser apresentado pelo seu par:

_____

- Qualidades que você aprecia no seu par:

_____

Compartilhando os pontos fracos e fortes de um e de outro, preservamos nosso relacionamento. Nem sempre temos clareza de solução para problemas da intimidade, mas aprendemos que a ambivalência é inerente às coisas da vida. Certezas não se apresentam seguras para a compreensão e o comprometer-se no âmbito da intimidade, mas a confiança e a transparência no relacionamento podem dissolver mágoas e ressentimentos. O jogo da aproximação e do conhecimento mútuo é fascinante, por sempre haver algo a descobrir na aventura de uma vida a dois. Saber ouvir: escutar é uma arte. Saber falar: palavras certas no momento certo. Olhos nos olhos é a força do olhar amoroso. O importante é dialogar. A abertura é a chave para a comunicação com o outro. Mais vale uma boa conversa e o respeito ao ponto de vista do outro que chantagens ardilosas ou comportamentos infantis que tentam roubar a cena.

Lembrete para a vida íntima
Preste atenção aos sentimentos e aprenda a comunicá-los. A vida ficará mais fácil.

O que nos faz seres únicos e especiais? Personalidade, herança genética e nossa formação. Cada qual entra no relacionamento com as próprias histórias. Há que respeitar essa bagagem familiar, cultural, econômica, social e procurar fazer o casamento das diferenças. Amar e ser amado são desejos humanos, mas queremos amar e preservar nossa individualidade. O mundo da vida é experimentado segundo graus de familiaridade e anonimato. Com algumas pessoas convivemos esporadicamente, outras nos cercam e compartilham de nossa privacidade. Uma relação de aproximação é vivida sob a forma do "nós" e permite a apreensão do outro como único em sua individualidade.

> Transparência nas ações, cumplicidade e ajuda mútua são essenciais no relacionamento próximo.

Oscilações nas relações de intimidade mostram a face incômoda do quanto elas são complexas e delicadas, muitas vezes contraditórias, cheias de ansiedade, carentes de segurança. Adversidades desafiam o amor nosso de todos os dias: doenças, rotina, trabalho, família, amigos, finanças, personalidade, interferências. Desenvolvemos sensibilidade para nossas diferenças (que podem nos completar) e para as afinidades que descobrimos. Hoje, o ponto de apoio da estabilidade do casal não reside mais na pressão da sociedade, nem na segurança da grande família, mas na maturidade psicológica, no equilíbrio emocional e na profundidade ética do engajamento mútuo. O crescimento das pessoas envolvidas advém do respeito de parte a parte, da confiança estabelecida sem competição, em clima de entreajuda e companheirismo.

> **Vida a dois**
> Que tal ir a um cineminha à noite depois do trabalho? O filme é de faroeste? Não importa, na semana que vem assistirão a uma comédia romântica. Tudo é possível para a recompensa do estar juntos e agradar um ao outro.

Uma parceria amorosa é construída. O idealizado "era uma vez..." e "foram felizes para sempre" dos clássicos contos de fadas ganhou reticências no *grand finale*, está em processo, não existe *ad aeternum*. O(a) amado(a) tem que ser conquistado(a) continuamente, a cada dia, sob a pena anunciada da brevidade do fim.

Devemos estar atentos a sinais de fechamento no relacionamento íntimo. Não deixar um muro se elevar entre as pessoas envolvidas é a salvação. Às vezes não percebemos a insipidez que vai se instalando no relacionamento: indiferença, ações mecânicas, conveniência, distanciamento, egoísmo. Cada um corre em faixa própria. O veneno que mata o amor está posto na "vida de casado-solteiro/casada-solteira", sem levar em consideração a presença e a companhia do outro, do tipo "cada um por si".

Pedra por pedra, aos poucos, vai sendo elevada uma muralha impenetrável entre as pessoas, corroendo os laços de confiança. Prisioneiras, cada qual do seu lado, não têm mais ouvidos nem sensibilidade para uma escuta franca e amorosa. Deixam de regar a "árvore da vida em comum", agora ressecada, retorcida, destituída de folhas e frutos nas sombras do paredão. Perdem a chance de descortinar diante de seus olhos a vista longínqua da planície verde e promissora de dois seres humanos que um dia se amaram, respeitando-se e amadurecendo juntos.

Isso prova que também as parcerias amorosas podem ser destruídas pela passividade. As relações de intimidade têm seus próprios elementos de inércia e se mantêm no dia a dia apenas se os sentimentos de proximidade forem correspondidos por seu valor intrínseco. Em decorrência, a Tese n. 4 de Ulrich Beck se impõe – "Como a sociedade moderna, a biografia normal se torna eletiva"[6] –, no sentido de que nossa vida é fruto de escolhas, o que aumenta a responsabilidade para uma maior satisfação e realização pessoal e conjunta. Nossa trajetória não pode ser imputada a outros, fazemos as próprias opções. Essas têm consequências que sempre alcançam outras pessoas e, no âmbito das relações de intimidade, mais ainda.

---

[6] BECK, U. Op. cit., 2008; Tese n. 4.

Entre na "Roda de Satisfação da Vida" e analise a dimensão do relacionamento íntimo

Avalie-se dando uma nota de zero a dez:
- Qual o valor da intimidade em minha vida?
- Estabeleço raízes mais profundas de confiança com meu/minha companheiro/companheira?
- Como se estabelece o diálogo entre nós?
- Quais são as expressões de companheirismo que reconheço em nosso relacionamento?

[Nota: _____]

12. Trabalho – romper com uma cultura de submissão

> Se nosso trabalho deve ter um sentido, este consiste
> e só pode consistir no fato de nos preocuparmos
> com o futuro de nossos descendentes.
> (Max Weber)[1]

Afinal, para que trabalhar? Trabalhamos tanto!

Qual é a finalidade do trabalho? Que sentido tem o trabalho em nossa vida?

Com raras exceções, todos necessitam trabalhar para viver. O trabalho se nos apresenta como obrigação social/moral, mas também contribui para a realização pessoal. Há os que trabalham contra a vontade e aqueles que trabalham com gosto; há os que se resignam ao trabalho e os que são exagerados – os *workaholics* que vivem apenas para trabalhar, insanamente ocupados, quase viciados, nesta era de modernidade exacerbada.

---

[1] WEBER, Max. L'État-nation et la politique économique. *Revue de Mauss*, n. 3, 1989, p. 47. Apud MERCURE, Daniel; SPURK, Jan (Orgs.). *O trabalho na história do pensamento ocidental*. Petrópolis: Vozes, 2005, p. 234.

Ser humano deveria rimar com trabalho, pois viver é ação e atividade é trabalho. Estamos sempre em atividade, seja para transformar a natureza, o nosso entorno, seja nos transformando. Essa é a verdade: o trabalho nos transforma, "faz a cabeça", age sobre a mente, mobiliza sentimentos, deixa marcas em nosso corpo. Tudo depende de como nos relacionamos com o trabalho, do sentido que tem para nós, de quanto nos subjugamos ou dele dependemos material e subjetivamente, conforme o que valorizamos. Acompanhar suas mudanças e/ou a elas resistir é uma escolha que precisamos fazer.

> Fonte de autoestima e valorização social, o trabalho faz-nos adquirir uma identidade; torna-se parte constituinte do nosso eu.

Mediante o trabalho nos inserimos no mundo adulto e responsável com vistas à ascensão social. Com ele podemos usufruir a vida, embora o trabalho possa nos fazer adoecer física, psíquica e/ou moralmente, nas situações de acidentes, doenças profissionais, fadiga, estresse, injustiça, assédio moral, sofrimento, humilhação. O psicólogo Christophe Dejours lembra que o trabalhador sofre quando do é explorado, não valorizado, trabalha intensamente e/ou em longas jornadas, com baixo salário e sobrecarga física e psicológica.[2]

Em sua origem latina, a palavra trabalho está associada ao instrumento de tortura *tripalium*, no qual os réus eram presos em três varas cruzadas. Embora haja um esforço ideológico de elevar o trabalho à condição de dignidade, a linguagem popular ainda o faz soar algo pejorativo: "ir à luta", "uma guerra", "a batalha diária", "suar a camisa", "dar o sangue".

Atividade enjeitada pelos cidadãos gregos, na Antiguidade, porque trabalhar era para os escravos, o trabalho se transformou em atividade dignificante, valorizada, produtora de riqueza e passe do trabalhador contemporâneo à condição de cidadão. A história recente tem provado em diversas conjunturas de crise ser o trabalho tanto fonte de proteção social pelas leis quanto de insegurança e vulnerabilidade do trabalhador. Hoje o trabalho oscila entre esses dois polos.

O trabalho agrega valor aos bens produzidos com o objetivo de troca no mercado, e isso caracteriza uma mercadoria. Por ser uma quantidade de energia do trabalhador que se aluga ao patrão/empregador, essa força de trabalho remunerada tem também seu preço, que é o salário. Mesmo sendo muito heterogêneo, o trabalho

---

[2] DEJOURS, Christophe. *A loucura do trabalho*. São Paulo: Cortez/Oboré, 1992.

humano, seja do pedreiro, do técnico em informática, da cabeleireira, do professor, é mensurável e se traduz em trabalho assalariado.³

O trabalho representa a senha de entrada na sociedade. Uma ética moderna do trabalho reforça-o como uma condição social, legitimando-o enquanto atividade que dignifica o homem.⁴ Essa ética valorizou sobremaneira os frutos do trabalho – poupança, acumulação, investimento –, condições para o capitalismo se desenvolver e predominarem valores materialistas, mediante a compulsão pelo trabalho em busca de dinheiro e do consumo, com consequências em todos os âmbitos da vida.

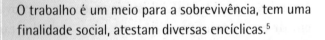

O trabalho é um meio para a sobrevivência, tem uma finalidade social, atestam diversas encíclicas.⁵

---

³ Trabalho e emprego se diferenciam e se confundem. Às vezes um é tomado pelo outro. *Trabalho/trabalhar* é, em si mesmo, dispêndio de energia humana, física e mental para produzir alguma coisa, realizar uma tarefa. O termo *emprego* aplica-se ao trabalho quando ele é remunerado. O emprego tem um vínculo contratual, formal ou não, garantias, proteção, benefícios ou não; o trabalhador recebe uma compensação de pagamento pela execução de uma atividade prestada regularmente.

⁴ Essa ética do trabalho advém do processo de modernização cultural em esferas de valor, como a ciência, a arte, a economia, que, a partir do século XIX, universalizou a moral internalizada pelo indivíduo.

⁵ Duas encíclicas, apenas para citar: *Rerum Novarum* (1891), do Papa Leão XIII, sobre a condição dos operários, e *Laborem Exercens* (1981), do Papa João Paulo II, sobre o trabalho humano, por ocasião do 90º aniversário da *Rerum Novarum*.

Nos últimos cinquenta anos, a reestruturação produtiva reduziu os níveis hierárquicos e flexibilizou as relações de trabalho. Implantou uma nova lógica organizacional nas empresas fabris e de serviços. Essa mudança integra o paradigma tecnológico da produção flexível e manifesta-se em diversos contextos institucionais.[6]

São inovações tecnológicas que objetivam a qualidade total nas empresas e a redução dos custos de produção, principalmente os do trabalho. São também inovações organizacionais na gestão da mão de obra, quando se multiplicam os programas de maior envolvimento e participação do trabalhador. As mudanças são perceptíveis: o ritmo do trabalho se intensifica, aumenta a produtividade dos trabalhadores e as oportunidades de trabalho se reduzem. Como expressões da precarização do trabalho, ocorre o enxugamento do contingente de trabalhadores diretos e sua subcontratação como terceirizados, temporários, parciais.

Há diversificação e maior mobilidade física e social do capital e dos trabalhadores propiciadas pela tecnologia da informatização. As consequências são sociais e culturais, não apenas econômicas e políticas. Mudaram

---

[6] CASTELLS, Manuel. *A sociedade em rede*. A era da informação: economia, sociedade e cultura. São Paulo: Paz e Terra, 1999. v. 1. Na chamada revolução informacional, mediada pelas novas tecnologias da informação, o desenvolvimento do computador, da informática, da internet, a informação se torna o produto do processo produtivo.

os hábitos de vida em relação ao trabalho, esfacelando a visão de uma carreira única e duradoura.

> A carreira de toda uma vida transformou-se em uma série de momentos transitórios na luta por reconhecimento com que nos deparamos a cada vez que nos candidatamos a uma vaga e somos chamados a fazer uma entrevista de seleção.[7]

Esse é o quadro do trabalho em novos moldes, ao ganhar maiores exigências para seu desempenho: trabalho por projetos, alta rotatividade do trabalhador, excessiva mobilidade, maior instabilidade e insegurança, menor proteção, escassez de emprego, maior competição, mais escolaridade, alta qualificação, aperfeiçoamento permanente. Dois em cada três trabalhadores estão há menos de cinco anos no emprego atual; esta tem sido a tendência.

> As constantes e velozes mudanças no mundo do trabalho são causadoras de alterações no ritmo, processo, condições, relações, valor e sentido do trabalho.

Inclui-se nessa transformação recente a acentuada negação do trabalho, traduzida pela existência crônica do desemprego, em todos os níveis de qualificação e países, desenvolvidos ou não. É um fantasma que ronda a vida

---

[7] BAUMAN, Zigmunt; MAY, Tom. Op. cit., 2010, p. 154.

de trabalho. Como se a velocidade e a intensidade das mudanças no trabalho não bastassem, a globalização da economia e o crescimento dos investimentos passaram a ser acompanhados de crises econômico-financeiras, das quais o desemprego e o subemprego aparecem como os principais sintomas e fenômenos de massa.[8]

Governos de diversos países promoveram mudanças nas leis, visando adaptar o trabalhador a uma produção flexível de acordo com a demanda, pois o mercado e a competição globais passaram a definir os parâmetros do trabalho. No Brasil dos anos 1990, as políticas governamentais de teor neoliberal com relação ao trabalho identificaram-se com a redução da atividade econômica do Estado, a privatização de empresas estatais, a abertura comercial, a desregulamentação financeira e do mercado de trabalho. Mudaram as regras, prevalecendo o trabalho terceirizado, muitas vezes sem garantias, precário, com prejuízos à classe trabalhadora como um todo.

Quando gradualmente se reduz a oferta de trabalho (e não apenas por razões tecnológicas) e se avoluma o contingente de trabalhadores no mundo (pelo menos

---

[8] "No final do século XX, 80% dos empregos na Grã-Bretanha eram do tipo 40/40, isto é, '40 horas de trabalho por semana durante 40 anos', e gozavam da proteção de uma rede de direitos sindicais, previdenciários e salariais; hoje, não mais de 30% dos empregos estão nessa categoria" (BAUMAN, Zygmunt. *Em busca da política*. Rio de Janeiro: Jorge Zahar, 2000, p. 26). Essa realidade não é diferente hoje nos países emergentes, como o Brasil.

o número de pessoas em idade economicamente ativa), impõe-se soberana a cultura corporativa. As grandes empresas ditam suas regras e condicionam o mercado de trabalho com vantagens e desvantagens. Ou plantam a obsessão pelo envolvimento dos trabalhadores – ironicamente tratados como colaboradores – aos valores e metas da empresa, ou investem nos talentos e habilidades pessoais dos seus empregados, ao se depararem, em alguns países, com mão de obra não qualificada e mesmo sem talentos à altura das novas exigências.

No mundo corporativo a situação educacional da sociedade se repete: o que se ensina é voltado exclusivamente para o trabalho, os aspectos exteriores, em detrimento do lado interior do ser humano. O que vale é literalmente a "alma do negócio" no âmbito das empresas.

> **Caro leitor,**
> Você se lembra do conteúdo dos cursos, treinamentos, convenções e outros encontros realizados na organização em que você trabalha ou trabalhou?

Da administração financeira à elaboração de relatórios estatísticos, o trabalho tende a ocupar nossa mente além das horas necessárias e pagas. Da administração do tempo às noções de marketing, somos instrumentos para os objetivos da empresa. Do trabalho em equipe às metas globais, somos instados a participar e nos envolver com os objetivos e metas das empresas. Em suma, os trabalhadores são incentivados a atingir a liderança nas organizações e nela se manterem.

Descobrir o real valor do trabalho

> **Vida de trabalho**
> *Eu acordo pra trabalhar.*
> *Eu durmo pra trabalhar.*
> *Eu corro pra trabalhar.*
> Você vive conforme os versos cantados pelos *Paralamas do Sucesso?*[9]

O trabalho ocupa um espaço deveras dilatado em nossas vidas. Vivemos em função do trabalho. Esse envolvimento *full time* tem muitas razões. Mudaram as condições em que ele acontece. Mediante as novas tecnologias, o trabalhador está literalmente "plugado 24 horas" às obrigações laborais, o que aumenta o grau de responsabilização sobre as tarefas executadas e o disponibiliza integralmente ao serviço da empresa. Essa é uma lógica imperativa.

---

[9] VALLE, Marcos; VALLE, Paulo Sérgio. Capitão de indústria. In: *Os Paralamas do sucesso*. CD 9 Luas, Gravadora EMI, 1996, faixa 5.

No passado, ainda que o agricultor estivesse na terra de sol a sol, o trabalho parecia se limitar à reprodução da vida e à produção da subsistência própria e a de seus senhores. No presente, o trabalho parece ter invadido todos os poros da vida, ocupando grande parte do tempo e das preocupações do trabalhador. Que fenômeno é esse?[10]

Seja qual for o tipo de trabalho que executamos, ele invade nossa privacidade, controla nosso descanso, interfere nas outras atividades. Lutamos para ter um tempo livre e, paradoxalmente, só podemos usufruir dessa liberdade se tivermos um trabalho formal remunerado, com garantias, em que possamos ter respeitado o descanso periódico, gozar de férias, chegar um dia a uma aposentadoria digna.

> **Pare e pense**
> Há vida além do trabalho. Urge desaprender uma vida dedicada excessivamente ao trabalho e "aprender a vida". Ela é mais do que só trabalhar e passa muito rápido. Cabe-nos descobrir o real valor do trabalho, sem ilusões ou subterfúgios.

---

[10] ARAÚJO, Silvia Maria de; BRIDI, Maria Aparecida; MOTIM, Benilde Lenzi. *Sociologia: um olhar crítico*. 1ª reimpr. São Paulo: Contexto, 2011, p. 48.

Muitas vezes automatizamos a atividade laboral e, se perguntados "quem somos", respondemos "o que fazemos", como se o trabalho falasse por nós. Vivemos numa cultura que valoriza excessivamente o trabalho e avalia as pessoas pelo seu sucesso profissional, ao ponto de adotarmos o sobrenome da empresa onde trabalhamos: o Mário, da Petrobrás; a Solange, da Gol; o João, do Bradesco.

Também, quando a remuneração é insuficiente, as complementações necessárias de renda demandam mais trabalho, em detrimento de horas e dedicação a outros papéis sociais. Três componentes se somam para esse quadro do trabalho na sociedade contemporânea: a herança da educação formal, a influência da empresa e o desgaste do sentido valorativo do trabalho. Tidos como racionais, objetivos, intelectuais, somos levados a trapacear o tempo sem muito pensar. Envolvemo-nos com mil atividades, como se elas nos prolongassem o tempo, embora o dia tenha 24 horas para todos. Seguimos a profecia do ativismo posta na Tese n. 5 de Ulrich Beck: "A vida do indivíduo está condenada à atividade",[11] não pode parar, está sempre a perseguir o sucesso, disposto a ser bem-sucedido em tudo e a colher resultados imediatos.

---

[11] BECK, U. Op. cit., 2008; Tese n. 5.

Como no mito de Sísifo – punido a rolar uma pedra morro acima indefinidamente –, o homem moderno é levado a fazer das atividades uma obrigação.[12] Sem se dar tempo, o insucesso hoje tem sentido pessoal, o que dificulta sua real avaliação. As derrotas têm sabor de punições individuais, soam como penalizações que nos torturam, fazendo-nos cidadãos de segunda classe. Cresce-nos a insatisfação.

> Vivemos para trabalhar mais e trabalhamos menos para viver.

A pressão no trabalho e a luta pela sobrevivência fazem com que as pessoas se voltem exclusivamente para o trabalho, não tendo tempo para si, nem para exercer a cidadania. Por essa razão a vida pessoal e o desenvolvimento de seus talentos, a família e os amigos ficam em segundo plano. O indivíduo trabalhador deixa de "estar presente", não só do ponto de vista físico, mas também psíquico. É um "estar em casa", porém ausente. Ele está no computador. Ou mesmo brincando com os filhos,

---

[12] Sísifo, personagem da mitologia grega, provocou os deuses e foi castigado ao esforço de rolar uma pedra encosta acima, num trabalho contínuo e inútil. "O mito de Sísifo" é um ensaio filosófico de Albert Camus, publicado em 1942, cuja ideia do "homem absurdo", consciente da inutilidade de sua vida e incapaz de compreender o mundo, acumularia o maior número de experiências pautando-se por uma ética da quantidade, não da qualidade.

seu pensamento está resolvendo uma questão do trabalho. E o tempo não volta para ser vivido e ainda deixa um resquício de culpa pela desatenção à família ou pela dedicação excessiva ao trabalho.

Esperar que o trabalho nos proporcione uma realização plena é uma armadilha, um engano. As pessoas acabam investindo tempo e energia demais, buscando algo que não pode ser encontrado no ambiente de trabalho: a vida. Quantas pessoas ficam sem almoço, fazem lanches rápidos, realizam negócios dirigindo o carro, delegam a outros buscar os filhos na escola, se esquecem da família, dos amigos e de si mesmas! Quantas pessoas sofrem de ansiedade e dores de cabeça, a chamada "síndrome do domingo à tarde", nos fins de semana! Outras reproduzem o mesmo clima de tensão vivido no trabalho ao levarem tarefas para casa nos feriados! O trabalho se impregna em outras atividades, possíveis distrações, momentos de lazer. Respiramos trabalho.

> Vida de trabalho é mais do que o tempo de trabalho; é prestar atenção no quanto o trabalho ocupa nossas mentes.

Pessoas são um patrimônio social e fazem parte dos valores que devem instruir o planejamento estratégico das organizações (empresas ou instituições), mas existe uma defasagem entre o discurso e a prática empresarial. O ser humano é o único formado de mente, espírito, coração e emoção, por isso, suas competências e habilidades superam em muito as estritamente técnicas e da área de negócios. Esse *gap* se reflete e se estende ao tratamento dispensado para o time e o trabalhador, sem considerar as diferenças de comportamento e reações individuais e grupais.

As demandas da vida pessoal e do trabalho são construídas e mantidas como antagônicas, porque pautadas em relações formais e impessoais. Em nossa "árvore da vida", separar o tronco da casca, da ramagem ou das raízes é condená-la a secar, definhar, morrer. Por que, então, vivemos tão profundamente essa separação entre trabalho e vida, trabalho e família?

Vivência

Escolha as alternativas que melhor expressem o que o trabalho representa para você:

☐ Uma necessidade para viver
☐ Uma atividade prazerosa
☐ Convivência com os colegas
☐ Uma forma de sentir-se responsável
☐ Fonte de aprendizado constante
☐ Sensação de segurança e valorização
☐ Possibilidade de uma atividade diária

- ☐ A maneira de receber uma remuneração
- ☐ Meio de crescimento pessoal
- ☐ Um meio de conquistar uma carreira profissional
- ☐ Garantia de futuro e de aposentadoria

Escola e trabalho estão intimamente associados na modernidade. A qualificação se torna um complemento da formação e não é obtida somente na escola. A formação profissional é possibilidade de promoção social, mas não tem suprido a carência de humanização. Nessa era de produção flexível, informatizada, a tendência tem sido as organizações serem um sistema paralelo à educação formal. Nem uma nem outra completam a formação. Continuamos profissionais preparados um pouco mais ou um pouco menos para as exigências do mercado de trabalho; no entanto, não somos preparados para a vida.

Dificilmente onde se encontra o saber técnico habita o conhecimento do próprio homem. Mesmo a oferta de formação humanista não logra alcançar saídas para o que se apresenta mais delicado nos diversos ambientes de trabalho: o relacionamento entre as pessoas, e não apenas entre os níveis hierárquicos, ainda que a nova concepção de empresa os horizontalize. De modo contraditório, as empresas consideram talentosas as pessoas que se relacionam bem, sem dificuldades no tratamento humano que requer comunicação e conquista de confiança.

As pessoas não conhecem a si mesmas e têm que dar respostas imediatas às demandas do trabalho e das empresas, com ênfase no desenvolvimento de competências e habilidades técnicas, postas como prioritárias. A diferenciação social acentuada com inúmeras divisões funcionais do trabalho, cada qual exigente de competências próprias pretensamente produtivas, cria um vazio de satisfação na vida dos indivíduos, como se fossem eternos andarilhos à procura de algo que lhes escapa.[13] Nessa linha de pensamento, Ulrich Beck profecia sua Tese n. 1: "A sociedade moderna não integra as pessoas na sua globalidade".

No dilema entre escola e formação profissional, as desigualdades sociais não se apagam, ao contrário, se aprofundam. O ciclo tende a ficar vicioso: escolas fracas, alunos despreparados; mercado pouco exigente, trabalhadores não qualificados. Agrava-se a situação em países emergentes no capitalismo mundial. Neles, a fragmentação do mercado de trabalho convive com oportunidades sem pessoas à altura de aproveitá-las ou é escassa a oferta de trabalho para trabalhadores em excesso. É uma balança desregulada e pendente com grandes problemas para a conquista de um padrão de vida satisfatório, de uma remuneração compatível com o desempenho, de uma carreira realizada, para o combate

---

[13] BECK, U. Op. cit., 2008; Tese n. 1.

a um individualismo empedernido presente em todos os ambientes e relações sociais.

O trabalho deve ser algo que agregue ao sujeito, e poderá ser assim se as outras dimensões da vida não forem relegadas por falta de tempo ou energia. O trabalho, para ser dignificante, não precisa ser um calvário, nem ter como finalidade somente ganhar dinheiro, a sobrevivência por si mesma. O dinheiro deve ser resultado de algo que você faça como que respondendo a um chamado, uma vocação. O trabalho é, pois, o exercício de uma disposição para realizar algo por prazer.

Entre na "Roda de Satisfação da Vida" e analise a dimensão profissional

Dê a si uma nota de zero a dez:
- Meu trabalho é algo que me cansa ou me dá prazer? É algo que me dignifica ou é um sofrimento?
- Qual o significado do trabalho em minha vida?
- Tenho sido capaz de realizar alguns de meus sonhos? Quais?
- Vivo o trabalho como uma dimensão dilatada de minha vida?

[Nota: _____]

13. A base material da vida

> **Vivência**
> **Lista especial de compras**
> Pegue uma folha de papel e faça uma lista de compras, como se você fosse viajar para um lugar geográfica e socialmente distante de onde vive. Você irá sozinho e deverá sobreviver uma semana sem contato com a civilização. O que você levaria? O que compraria? Considere levar o estritamente necessário, volume suportável para você mesmo carregar.
>
> Atenção!
> Depois que sua lista especial de compras estiver pronta, leia as questões e responda:
> - Tenho dificuldades em lidar com o lado prático da vida? Lembro-me de compromissos, de fazer compras, programar e cumprir tarefas?
> - Como administro meus gastos? Pago a conta do cartão de crédito à vista ou em parcelas?
> - Em geral, tenho um orçamento de receitas e despesas? Estabeleço uma relação clara entre o que ganho e o que gasto?

- Tenho a tendência a exagerar nos cuidados pessoais? Gosto de cercar-me de todos os meus pertences?
- Para mim é difícil fazer uma seleção, escolher entre as possibilidades que se apresentam?
- Resisto às ofertas de consumo?
- Saberia viver com menos do que tenho hoje?

É pelo trabalho que o homem constrói o mundo, valorando nesse processo sua ação, conduta e atitudes. Embora os ensinamentos morais recomendem o contrário, o ser humano é intrinsecamente voltado ao acúmulo desde sua pré-história, da vida sedentária à acumulação capitalista.

Os objetos, os bens materiais e simbólicos, os serviços são resultados do trabalho humano e atendem tanto às necessidades primárias na escala da sobrevivência quanto às necessidades induzidas pelo desejo humano de situar-se melhor num fluxo de demandas de mercado. Por proteção física e por necessidade de provisão com certa dose de previsão, o homem dispõe de um aparato material para viver.

Na atualidade é sofisticado o suporte institucional para garantir a satisfação de necessidades sociais básicas – moradia, alimentação, vestimenta, educação, saúde –, e aquelas necessidades geradas pelo desenvolvimento socioeconômico, como saneamento, água potável, transporte, comunicação, cultura. Existem ainda demandas de natureza supérflua e altamente seletiva, fruto de uma sociedade desigual e exclusivista, e se revelam nos contrastes sociais.

Ao produzir cultura – toda e qualquer forma material ou simbólica de se manifestar no mundo e organizar a vida social –, os homens dão significado às coisas, ideias e técnicas que produzem. Essa relação de uso e valor com a criação científica, artística, política, religiosa, condicionada pela produção material, desdobra-se em formas de apropriação. Não apenas propriedade física e jurídica de casas/edificações, objetos/coisas, conhecimento/informação, mas no sentido de posse, direito e, subjetivamente, de apego, apreço, estima. Ou seja, nos apegamos ao que é material e às ações que de nós dão referências: ao carro que compramos com nosso salário, à casa herdada, ao cargo que ocupamos no trabalho, à caneta que ganhamos de presente, a uma causa que defendemos.

Originado nas posições hierárquicas ou não que representam *status* (condição de pessoa ou instituição perante outros), ocorre um inflar do ego na sociedade contemporânea: de tudo ele se apropria, toma posse, acha que é seu. O abrigo moderno, por exemplo, é mais que um teto para morar; significa privacidade, segurança, preservação, individualidade, arquitetura, ambiente decorado, localização, demonstração de posições sociais. Daí nos cercarmos de novas demandas e derivativos que nos desviam das reais necessidades.

> **Lição de vida**
> Quão desprendidos seríamos dos bens materiais e do exibicionismo do lugar social que eles representam se, ao entrar nas lojas, respondêssemos sem petulância ao atendente que nos pergunta o que queremos: "Obrigado, estou apenas apreciando tantas coisas bonitas de que eu não preciso!".

Somos seres de relações e estamos em contínuo diálogo com aquilo que produzimos. Nossas construções objetivas, palpáveis e também as simbólicas falam muito a nosso respeito, do modo como vivemos. Temos necessidade de reconhecimento, de nos sentir valorizados, de estar atualizados com ideias e práticas aceitas na cultura vigente. Esse fenômeno faz atribuirmos importância excessiva aos bens materiais, posições, objetos e dinheiro. Acumulamos e consumimos, seguindo o impulso da sociedade.

Vivemos como que seduzidos pelas novidades: produtos eletrônicos, roupas, acessórios, vida urbana, entretenimento. Uma infinidade de opções e imposições de gostos, estilo de vida aprovado como o mais atualizado, aceito, imitado, que estimula o consumo. Somos reis de um reinado ilusório na condição de compradores e consumidores de bens e serviços, até de modo contumaz; ação altiva, cheia de orgulho, insolente, e não apenas costumeira.

Consumimos a própria sociedade convertida em coisas coloridas, úteis e/ou supérfluas, duráveis ou descartáveis em sua obsolescência programada. Por exemplo: um objeto eletrônico (telefone, televisão, computador etc.) tem um tempo útil de duração, facilmente substituído por um modelo mais avançado. O imperativo materialista, no sentido de "império dos objetos", expressa nossa sujeição às regras sociais que padronizam os gostos e uniformizam as ideias. Muitas vezes, a exagerada preocupação com a última palavra em tecnologia esconde o fato de não fazermos pleno uso desses objetos e inovações. Usamos menos de 10% da capacidade do nosso smartphone, por exemplo. Novo lançamento, nova compra e o objeto anterior é jogado fora, o que é prejudicial ao meio ambiente. O novo substitui o novo, o novo, o novo...

A força consumista exerce atração e camufla o caráter capitalista da sociedade. Essa compulsão para o "ter" pressiona a individualidade e retira-lhe a capacidade crítica, o consumismo faz-nos utilitaristas, cegos ao real valor de cada situação e objeto. Prendemo-nos às aparências, ficamos impressionados com o que vemos, perdendo a sensibilidade para captar a sutileza de uma caixa de bombons embalada para presente: dentro é chocolate com licor; por fora é chocolate com amor. Por que, então, vemos apenas o laço de fitas?

O sentimento de angústia é uma consequência quase inevitável nesse mundo que se nos apresenta dividido e também efêmero, passageiro, descartável. Regida pela publicidade, a mentalidade consumidora insatisfeita cria falsas expectativas. É uma "cultura do simulacro" a nos moldar como quando as coisas "parecem" que acontecem, alerta-nos o sociólogo Jean Baudrillard.[1] Apegamo-nos a objetos (carros, roupas, casas) e a ideias (enriquecer, viajar, comprar) como a verdadeiros amuletos, e sobre eles criamos uma aura de poderes em nossa defesa ilusória.

> Vida material é perguntar-se de vez em quando: o que me impede de estar satisfeito?

"Dize-me o que consomes e dir-te-ei quem és" passou a ser palavra de ordem, reveladora de posições sociais: melhores, distintas, algumas quase inacessíveis. A cultura do consumo provoca o que poderíamos chamar de um direito "natural" à abundância, simplificando

---

[1] BAUDRILLARD, Jean. *À sombra das maiorias silenciosas*: o fim do social e o surgimento das massas. São Paulo: Brasiliense, 1985.

graves questões sociais. As desigualdades se aprofundam na sociedade ainda mais pela diferença de acesso a bens que o consumo propicia: alguns podem ter, outros não. Basta parar diante de uma vitrine para constatar isso.

As forças do mercado reinam com sua lógica suprema a comandar nossas vidas de marionetes, qual força própria, inatingível, livre de controle. Em verdade, o "senhor mercado", abstrato e distante do cidadão comum, encarna diferenças e preconceitos sociais, alimenta estilos de vida que não concentram apenas riqueza e posição social, mas sonegam reconhecimento e oportunidades às pessoas.

Na espiral de atendimento aos requisitos de uma "cultura de segurança" (física, social, pessoal, patrimonial etc.), defendemos necessidades, conforme a condição socioeconômica. Essa linguagem material-financeira, por excelência, é traduzida por ganhos, despesas, patrimônio, juros, investimentos, previdência, contribuições, finanças, tributos, crédito, dependentes, aplicações, empréstimos, seguros, plano de saúde, poupança, orçamento, cartões de crédito e outras nominações. Também leva a perseguir condutas valorativas: sucesso, fama, honrarias, privilégios, posições, reconhecimento, recompensas.

A conquista e a manutenção de um padrão de vida, compatível com o que sonhamos e com o estágio de desenvolvimento da sociedade, são procuradas. Esse universo significativo move-nos para além da sobrevivência, acena para outras exigências sociais. No conhecimento comum que percorre a diferença entre o "ter" e o "ser", alguns equívocos nessa busca do que valorizamos são apontados:

> **Com dinheiro pode-se comprar**
> uma casa, mas não um lar,
> uma cama, mas não o sono,
> um relógio, mas não o tempo,
> um livro, mas não o conhecimento,
> comida, mas não o apetite,
> posição, mas não respeito,
> sangue, mas não a vida,
> remédios, mas não a saúde,
> sexo, mas não o amor,
> pessoas, mas não amigos.[2]

Tanto se fala em globalização que sua presença é sentida em nosso dia a dia. Chegamos a nos surpreender em pequenos atos individuais pensados de forma global. É da natureza do capitalismo expandir-se, mas a globalização como um fenômeno cultural ampliado é recente,

---

[2] Disponível em: <http://sabedorias.spaceblog.com.br/1187597/Com-dinheiro-tudo-posso-e-nada-posso-reflexao/>. Acesso em: 16 abr. 2012.

tem poucas décadas. Assim, vivemos um complexo sistema mundial: a economia se internacionaliza, as novas tecnologias de comunicação e informação se difundem, os Estados nacionais se encolhem, os eventos globais misturam-se aos locais, as empresas transnacionais crescem, o consumo domina corações e mentes.

O que esperamos da produção de riqueza que colocou o homem moderno em outro patamar civilizatório? Mais crescemos materialmente, mais a concepção de perigo em muitos âmbitos da vida vai se tornando presente. As sociedades que querem alcançar o progresso a qualquer custo pelas inovações técnicas e tecnológicas são confrontadas com os limites do seu próprio desenvolvimento.

Começam a tomar corpo ameaças produzidas pela sociedade industrial do século XVIII e desenvolve-se uma consciência da ameaça, do desequilíbrio provocado à própria vida na face da Terra.[3] Ulrich Beck denomina essa realidade de sociedade de risco, por desenvolver uma percepção sobre a responsabilidade, a segurança, o

---

[3] Considerar que risco é tudo o que ameaça a vida, seja porque o fazemos, seja por deixarmos de realizar. Numa sociedade de risco, importam menos as ações individuais isoladas, e mais o fato de as ações de cada pessoa serem dispersas e descoordenadas, o que produz efeitos no coletivo. Nesse sentido, é uma era de incertezas. Qual o preço que pagaremos por decisões tomadas agora? Isso se aplica à vida individual e à vida coletiva e sua preservação. BECK, U. Op. cit., 1997, pp. 11-72.

controle, os danos e as consequências quanto ao uso que os homens fazem da natureza e da cultura. Tomamos consciência de que o homem deve ser sustentável, dispensando cuidados à "árvore da vida". Esse é um processo integrado livre das usuais separações entre homem-natureza, indivíduo-sociedade, corpo-espírito.

Na vida moderna, além dos apelos externos, existe um impulso interior que nos faz indivíduos desejosos de fazer algo de próprio: reativos, criativos para resistir à competição social. A saída talvez seja sermos autênticos no que queremos para nós e os outros e procurar realizá-lo, vencendo o dilema expresso no poema:

> *E se a questão não for*
> *por que é tão raro eu ser*
> *a pessoa que realmente quero ser*
> *e, sim, por que é tão raro*
> *eu querer ser*
> *a pessoa que realmente sou?*
> (Tyanla Vanzart)[4]

Os indivíduos procuram ter seu foco de interesse e ação, mas estão em dependência constante das esferas da sociedade, comparando-se com seus pares numa atração que os seduz e desvia-os do rumo. Nesse sentido, Beck

---

[4] VANZART, Tyanla. *Enquanto o amor não vem*. São Paulo: Sextante, 1999.

formula sua Tese n. 3, de como "construir a própria vida": "A vida depende das instituições sociais, embora os indivíduos tenham sua autotematização".[5]

Possivelmente o esforço para bem viver esteja em não perder o tema da nossa vida, atualizar nossos sonhos, relativizar a importância que os objetos e contextos têm para nós. A propósito da excessiva relevância dada ao consumo das coisas materiais, um preceito bíblico nos alerta: "onde está o teu tesouro aí está também o teu coração" (Mt 6,21). Onde colocamos o nosso coração?[6]

---

[5] BECK, U. Op. cit., 2008; Tese n. 3.

[6] Schutz designa pelo termo relevância o interesse com que o sujeito tematiza sua vida. SCHUTZ, A. In: CAPALBO, C. Op. cit., 1979, p. 45. A fenomenologia mostra que a tensão de consciência às diversas esferas da vida varia em função da atenção que damos a ela. Assim, o estar atento às exigências concretas e práticas da vida delimita o que é conveniente para nós.

Entre na Roda de Satisfação da Vida e analise a dimensão material

Para o conjunto destas questões, dê a si uma nota de zero a dez:

- Deixo-me levar pela sedução do consumismo?
- Estou de bem com a vida ou sinto que a ansiedade atropela meus planos?
- Trabalho para ter uma base material, maior segurança agora e no futuro, ou esse é o meu tema único?
- Qual é minha relação com os bens materiais e o dinheiro? Dou ao dinheiro o valor que merece ou alimento a ganância?
- Gosto da cidade, bairro, local onde vivo? Minha moradia e a forma como está organizada me satisfazem?
- Considero digno meu padrão de vida?

[Nota: _____]

14. A dimensão solidária – juntos, realizamos a vida

> [...] somos todos iguais,
> braços dados ou não.
> Nas escolas, nas ruas,
> campos, construções,
> caminhando e cantando
> e seguindo a canção.
> (Geraldo Vandré)[1]

Quantas vezes já nos propusemos ser solidários e dar atenção verdadeira às pessoas em nosso entorno? Essa tomada de decisão para sairmos em direção ao outro exige que nos vejamos como uma parte do conjunto, não o seu centro. Porque as partes têm relações entre si e essas com o todo, superando a visão reducionista, empobrecida e fragmentada da realidade, buscamos hoje a totalidade dos fenômenos, uma forma holística de entendimento.[2]

---

[1] *Pra não dizer que não falei das flores*, composição musical de Geraldo Vandré, de 1968.

[2] Sobre holística, ver: CAPRA, Fritjof. *A teia da vida*: uma nova compreensão científica dos sistemas vivos. 8. ed. São Paulo: Cultrix, 2008. CREMA, Roberto. *Saúde e plenitude*: um caminho para o ser. São Paulo: Summus, 1995.

Devemos nos incluir nessa visão integrativa para garantir a sustentabilidade do ser humano, do planeta, da natureza.

> **Vida solidária é, entre outras ações:**
> - não deixar a torneira aberta enquanto escovo os dentes;
> - reutilizar a folha de papel escrita;
> - separar o lixo que é não é lixo (plástico, vidro, metal, papel);
> - não jogar alimento bom, quando há tantas pessoas com fome;
> - socializar a informação para que outros dela possam fazer uso.

Na era da informática, da simultaneidade de acontecimentos, temos que nos conectar com o sentimento de humanidade no sentido de "pertencer", com ela ter algo em comum.[3] O senso comunitário é importante e não deve ser compreendido como consenso, ideias iguais e ausência de conflito e diferenças. Senso comunitário diz respeito a valores, normas, costumes de uma coletividade

---

[3] É polêmica a noção sociológica de comunidade (comum + unidade), por não se referir apenas a uma coletividade delimitada no tempo-espaço físico-geográfico, ou idealmente concebida como um modo de viver comum dos homens integrados, a ponto de haver uma vontade constitutiva do grupo.

que levam indivíduos e grupos a ter consciência de seus interesses comuns. Interesses comuns geram o "bem comum" a ser preservado solidariamente. Nas sociedades complexas, a solidariedade não é primária, mecânica e direta, como nas sociedades simples. Ela se modifica, resulta num tipo novo: uma solidariedade funcional em que os indivíduos tornam-se dependentes uns dos outros por não produzirem tudo o que necessitam para viver. Há uma dependência mútua que se expressa na especialização das tarefas e na crescente diferenciação social. Para Émile Durkheim, essa interdependência leva à integração da sociedade.[4]

Com essa dependência desenvolve-se a ideia e a necessidade de direitos e deveres em uma sociedade organizada. Quando homens e mulheres, adultos e crianças, brancos e negros, saudáveis e doentes, pobres e ricos, estrangeiros e nativos participam com liberdade, visando à igualdade de tratamento entre todos, conquistam a cidadania.[5]

---

[4] Essa solidariedade é orgânica e mantém a sociedade coesa, graças ao crescimento da indústria e das cidades, à ampliação da divisão do trabalho (DURKHEIM, Émile. *De la división del trabajo social*. Buenos Aires: Schapire, 1973).

[5] Dada a complexidade social, são reconhecidos como "direitos de novo tipo": a) direito a satisfazer necessidades existenciais: alimentação, saúde, água, ar, segurança etc.; b) direito a satisfazer necessidades materiais: à terra (direito de posse, direitos dos sem-terra), à habitação (direito ao solo urbano, direito dos sem-teto), direito ao trabalho, ao salário, ao transporte, à creche etc.; c) direito a satisfazer as necessidades sociopolíticas: à cidadania em geral, direito de participar,

A história dos direitos tem mostrado que a participação nas decisões e nos benefícios da sociedade, sem distinções, faz da cidadania uma conquista.[6]

A preocupação com a condição do indivíduo como cidadão consolidou-se com a sociedade industrial e as lutas sociais nos séculos XIX e XX. A modernidade produziu um mundo menor do que a humanidade, afirma o sociólogo Herbert de Souza, o Betinho: "Sobram bilhões de pessoas. Não se previu espaço para elas nos vários projetos internacionais e nacionais. No Brasil, essa exclusão tem raízes seculares. De um lado, senhores, proprietários, doutores; do outro, índios, escravos, trabalhadores, pobres".[7] Aí está a questão da inclusão e exclusão, a realidade das carências sociais e da desigualdade instalada na população.

Somente a demanda por direitos faz alcançar a cidadania que nos dá uma identidade cultural capaz de

---

de reunir-se, de associar-se, de sindicalizar-se, de locomover-se etc.; d) direito a satisfazer as necessidades culturais: à educação, à liberdade de crença e religião, à diferença cultural, direito ao lazer etc.; e) direito a satisfazer as necessidades difusas: à preservação ecológica, direito de proteção ao consumo etc.; f) direito das minorias e das diferenças étnicas: direito da mulher, do negro, do índio, da criança e do idoso (WOLKMER, A. C. *Pluralismo jurídico*. 3. ed. São Paulo: Alfa Ômega, 2001, pp. 166-167).

6 Cidadania relaciona-se com liberdade, noção que nasce de um projeto burguês de sociedade, no século XVIII – o indivíduo é livre, inspirado na Revolução Francesa (1789).

7 SOUZA, Herbert de. O pão nosso. *Veja 25 anos*; reflexões para o futuro. São Paulo: Abril, 1993. pp. 14-21; p. 16.

alterar a composição desigual da sociedade. "Todos os seres humanos nascem livres e iguais em dignidade e em direitos", já prescreve a Declaração dos Direitos do Homem e do Cidadão, de 1789. A cidadania emerge do Estado que, motivado pela participação do povo, procura garantir um nível básico de renda, consumo e serviços sociais necessários a uma vida digna e civilizada.[8]

Para que os direitos do cidadão se concretizem em bens sociais[9] – serviços de saúde, educação, segurança civil, previdência social, assistência pública e proteção social –, as esferas econômica e política têm que interagir. Só então os direitos se transformam em infraestrutura coletiva: postos de saúde, hospitais, estradas, escolas, eletricidade, água, saneamento, entre outras providências.

Quando o Estado assume os "problemas sociais" como questões de "sua" responsabilidade, ele desenvolve

---

[8] Na origem, cidadania é quando o indivíduo passa a ser cidadão – aquele que desfruta o direito de participar da vida política da cidade, como na Grécia Antiga, embora lá esse direito fosse vedado a estrangeiros, mulheres e escravos.

[9] Os direitos civis datam do século XVIII e englobam as liberdades pessoais de expressão e culto religioso, direito à propriedade, direito a um tratamento legal justo (como o *habeas corpus* do Direito moderno). Os direitos políticos são do século XIX e correspondem a formas de participação no processo político, como o direito ao voto (eleger e ser eleito), ocupar cargos políticos e administrativos no aparelho do Estado, participar de júri etc. Já os direitos sociais são uma preocupação do século XX e procuram garantir o trabalho para os empregados e benefícios sociais também para os desempregados, entre outros direitos (MARSHALL, Thomas. *Cidadania, classe social e status.* Rio de Janeiro: Jorge Zahar, 1967).

políticas sociais para garantir um mínimo de consumo para todos, provisão de serviços ou transferências diretas de renda. Se esses direitos e o direito de todos (o bem comum) se tornam mera assistência aos mais carentes, reforçam a concepção clientelista da atividade pública.[10] Geralmente isso acontece de forma precária e insuficiente: postos de saúde com poucos médicos, farmácias comunitárias sem medicamentos, professores mal remunerados em escolas depredadas, transporte público deficiente.

Em sua outra face, a cidadania significa o compromisso ativo de uns indivíduos em favor de outros mais necessitados na comunidade. A cidadania, o movimento de cidadãos em direção de seus pares a fim de que sejam alçados a essa condição com o suporte do Estado, tem-se traduzido em trabalho voluntário em todas as sociedades.

> O voluntariado é uma experiência agregadora, humanitária, solidária, cooperativa e não necessariamente implica posicionamento religioso.

Em uma de suas vertentes mais institucionalizadas, o voluntariado se expressa pelo chamado terceiro setor

---

[10] Esse alerta vale para muitos programas sociais desencadeados por políticas públicas, ainda a melhor solução para a busca da cidadania do que não tê-los (SPOSATI, Aldaíza e outros. *A assistência na trajetória das políticas sociais brasileiras*: uma questão em análise. São Paulo: Cortez e Autores Associados, 1986).

que emerge, na atualidade, entre as esferas do público e do privado, confundindo-se. O que é público corresponde à esfera do bem comum, âmbito do que pode ser visto e/ou dar proteção aos bens sociais. Já a esfera privada garante a privacidade do cidadão. Para além dos variados termos que caracterizam a realidade do terceiro setor – nova economia política, governo por terceiros, administração pública indireta, Estado contratual –, impõem-se organizações, princípios e diferentes atores sociais, cujas relações ocorrem entre o Estado e o mercado com diferentes implicações sociais nos países.[11]

Uma das formas de gestão dos bens sociais que utiliza o trabalho voluntário tem sido a chamada responsabilidade social das empresas, que se traduz no desenvolvimento de projetos sociais que visam à promoção humana, à preservação de recursos ambientais ou culturais junto a públicos específicos. Há muito por fazer nesse processo de redistribuição das benesses sociais.

Esperança, alento, alegria, ânimo, incentivo para continuar vivendo são alguns resultados, nem sempre quantificáveis, das ações solidárias. Na sua diversidade de causas e de modalidades, as ações solidárias vão desde

---

[11] A atividade voluntária do terceiro setor concebe a emergência de estruturas interorganizacionais, o aumento no volume de informações, uma consciência mútua entre os participantes, o envolvimento num projeto comum, cf. FERREIRA, Sílvia. A invenção estratégica do terceiro setor como estrutura de observação mútua. *Revista Crítica de Ciências Sociais*, Coimbra, 84, pp. 169-192, mar. 2009.

atender crianças em creches, acompanhar pessoas em tratamentos de saúde, fazer companhia a pessoas sós, idosas ou doentes, conversar com prisioneiros em cárceres, ensinar informática a jovens carentes, salvar um rio da poluição, defender espécies da fauna e da flora em extinção. Institucionais, algumas obras beneméritas organizadas ultrapassam a mera filantropia e não se resumem a doações materiais.

> Vida solidária é dedicar-se a alguém, dar atenção a outras pessoas, enfim, é ofertar o seu tempo em prol de uma causa nobre.

Independentemente da forma de organização, as experiências com base na solidariedade multiplicam-se. Elas abrem o espaço restrito do círculo familiar e da empresa, ampliando a escala de relação com outros. Faltam incentivos legais e uma cultura de maior doação para causas como bem-estar de crianças e idosos, programas antipobreza, socorro a catástrofes, pesquisas ligadas à saúde, organizações de direitos humanos, proteção ambiental, patrimônio cultural.

Na sociedade complexa o fenômeno solidário extensivo é um trabalho de engajamento. Essa é a concepção de dádiva, um bem que é ofertado. Assim como na sociedade arcaica, dádivas eram presentes dados fora da lógica do mercado; na capitalista moderna, as manifestações solidárias, motivadas por necessidades maiores, trocam gentileza, afeto, consideração, respeito, espírito humanitário de que carece a sociedade, além de bens materiais. Na dádiva, é a tripla obrigação do dar, receber e devolver que firma os laços sociais.[12] A relação entre as pessoas implica, portanto, retribuição, agradecimento, como no ditado popular que diz: "dar é sua própria recompensa". Desse modo, ser solidário significa dar de si, e quem não é solidário acaba ficando solitário.

Lição de Vida

Benjamin Franklin (1706-1790) programava seu dia para tirar o melhor proveito do tempo. Chamava de "plano de uso" a esse método de organização da vida. Diariamente, ao se levantar, ele se perguntava: "O que vou fazer de bom hoje?". Dedicava-se às suas atividades e à noite fazia um balanço: "Que bem eu fiz neste

---

[12] Para Mauss, antropólogo que se inspirou na experiência dos Maori, indígenas da Nova Zelândia, a razão das trocas é um dos fundamentos da sociedade para compreender a dádiva. Para aqueles indígenas, a dádiva implicava a devolução do espírito do doador ("hau") contido no objeto doado e/ou na ação em favor de alguém. No célebre artigo *Ensaio sobre o dom*, publicado na revista *L'année sociologique*, em 1923-1924, Marcel Mauss confere à dádiva o caráter de fato social total, por contemplar todas as esferas da prática social – econômica, jurídica, religiosa etc. (FRANÇA FILHO, Genauto; DZIMIRA, Sylvain. Dádiva e economia solidária. In: MARTINS, Paulo; NUNES, Brasilmar (Orgs.). *A nova ordem social*: perspectivas da solidariedade contemporânea. Brasília: Paralelo 15, 2004. pp. 136-164).

dia?". Numa avaliação geral confessa: "Fui, graças a esse esforço, um homem melhor e mais feliz".[13]

Ao nascer ganhamos a experiência acumulada dos que nos antecederam, daí a "livre obrigação" de "devolvermos" às futuras gerações uma herança melhor do que a recebida: construir um mundo justo, sem exclusão, trabalhar para a paz, conquistar a cidadania.

Nossa vida também é política

> Se a história ainda está sendo feita em medida inaceitável
> pelos outros, então o problema está em passarmos
> a fazê-la mais decisivamente nós mesmos.
> (Leandro Konder)[14]

Cidadania implica a superação da pobreza política mediante a participação na sociedade. Nesse sentido, o poeta Bertold Brecht sintetiza a condição do indivíduo que não participa: "O pior analfabeto é o analfabeto político. Ele não ouve, não fala, nem participa dos acontecimentos políticos".[15] A discussão pública dos

---

[13] SCHOTT, Ben. *A miscelânea de esportes, jogos & ócio de Schott.* Rio de Janeiro: Intrínseca, 2011.

[14] KONDER, Leandro. *O que é dialética.* 3. ed. São Paulo: Brasiliense, 1981, p. 78.

[15] BRECHT, Bertold. *Antologia poética.* Rio de Janeiro: Elo, 1982.

limites humanos não se confunde com uma política do conformismo, nem da felicidade constante, ela implica pluralidade. Na sua origem, política tem o sentido de lidar com a existência de indivíduos em convivência e que são diferentes entre si.

> Política é o reino da diversidade de interesses.

Há poucas décadas predominava ordem e uniformidade no pensamento moderno, esse amplo movimento sociocultural que, desde o século XVII, trazia as ideias de progresso e de controle da natureza pela ciência baseadas na razão e no sujeito. A razão era o meio de descobrir a verdade e conduzir a humanidade à felicidade, por isso a modernidade primava em ordenar, classificar e separar a realidade: corpo e espírito, homem e natureza e outras ideias de separação que ainda persistem.

Nos princípios da razão está uma das fontes do comportamento individualista. Na sociedade complexa, o individualismo é encontrado em duas vertentes: a doutrina moral, econômica ou política que valoriza a autonomia individual em detrimento de iniciativas da coletividade; e a atitude de ausência de solidariedade, o fechamento individual à existência de outros. Nasce aí a resistência à vida em moldes mais solidários.

Mudanças velozes, no último século, mostraram a família, o Estado, as classes sociais e outras realidades como fenômenos arbitrários, disformes aos nossos olhos acostumados com um padrão de comportamento sujeito a normas sociais em larga escala. Vivemos num mundo cheio de ambiguidades, onde tudo se torna discutível, passageiro, incluindo a figura do indivíduo como único e "indivisível". Nesse contexto de transformações imperam a flexibilidade no trabalho, a comunicação simultânea, a diversidade de ideias.

Uma das expressões dessa era de incertezas é a globalização. Ela se apresenta como a instauração de um sistema mundial, unificado, num sentido positivo, mas a globalização produz fragmentação, divisões, formas novas de desigualdades internacionais, gerando realidades díspares e contrastantes que coexistem. Surgem outros conflitos, como os desastres ambientais numa globalização de "bens" e também de "males", avalia Ulrich Beck. Espaços de cultura vão emergindo e suscitam novas identidades pessoais e sociais. Mais que um fenômeno econômico, a globalização é um processo cultural gigantesco. Sua influência brota também no interior da vida individual e instala a incerteza, como que fugindo ao controle, induzindo-nos à aceitação das condições atuais sem discuti-las.

Passada a fase das respostas às antigas certezas da era moderna, o indivíduo experimenta um estranhamento da própria vida. Sem amarras institucionais seguras, novos valores sociais tendem a ser elaborados, porque "a vida individual é uma forma de vida reflexivo-moderna", diz Ulrich Beck.[16] Em outras palavras, ela se avalia, dada a politização da vida, não aquela entre direita e esquerda, mas uma politização em função da experiência que se globaliza: um olhar os fenômenos por muitos ângulos.

> A politização – consciência dos fatos, dos interesses envolvidos em qualquer situação – é importante para compreender o quanto os acontecimentos nos afetam.

Passividade e inatividade podem nos condenar na era da informação, pois estamos diante de novas concepções acerca da vida em sociedade e do seu conteúdo político, ou seja, das diferenças de interesses. Cabe aqui a observação rasteira de quão enganosa é a "felicidade" resultante da alienação.

Uma multiplicidade de aspectos, em todos os níveis, interfere na condução autônoma da vida e, em razão dessa diversidade, entramos em crise muitas vezes. Temos dificuldades para fazer escolhas. É possível que "a" crise

---

[16] BECK, U. Op. cit., 2008; Tese n. 12.

recorrente no âmbito da vida individual e decorrente da sociedade em mudança acelerada seja uma crise de confiança, no sentido de perda da crença do indivíduo em si mesmo, na conduta dos outros e nas instituições sociais. Esse é o raciocínio do sociólogo Anthony Giddens.[17]

Nessa sociedade que se pensa, se discute e se rearranja, o indivíduo projeta sua inserção em perspectiva avaliativa, sempre aproximativa a outras experiências parcelares suas e de outros, faz comparações. O indivíduo nunca esteve só no mundo, mas paradoxalmente ser contemporâneo é saber trabalhar as junções do indivíduo e da sociedade, ser um e outro simultaneamente.

Ser contemporâneo é ser solidário com os da sua espécie. É identificar-se, é construir a humanidade, humanizando-se. Ser contemporâneo é lembrar que a sua "árvore da vida" integra um ambiente mais abrangente, faz parte da floresta na qual convivem muitas árvores. É preciso lançar o olhar para além do "eu individualista", do pequeno ambiente da família, do trabalho, da vizinhança, rompendo paulatinamente com esse mundo materialista, competitivo, nada cooperativo.

---

[17] São questões postas pela modernidade no curso da vida individual e abordadas por Anthony GIDDENS em suas obras *As consequências da modernidade*. São Paulo: Editora da Unesp, 1991 e *Modernidade e intimidade*. Rio de Janeiro: Jorge Zahar Ed., 2002.

Vamos achar o diamante para repartir com todos.
Mesmo com quem não quis vir ajudar, falta de sonho.
Com quem preferiu ficar sozinho bordando de ouro
o seu umbigo engelhado.
Mesmo com quem se fez de cego
ou se encolheu na vergonha de aparecer procurando.
Com quem foi indiferente
e zombou das nossas mãos infatigadas na busca.
Mas também com quem tem medo do diamante e seu poder,
e até com quem desconfia que ele exista mesmo. E existe:
o diamante se constrói quando o procuramos
juntos no meio da nossa vida,
e cresce, límpido cresce, na intenção de repartir
o que chamamos de amor.[18]

Tomar partido, esclarecer nossa opinião, avaliar as questões envolvidas num problema que aparentemente não nos diz respeito e parece ser "coisa de político", pode ser a forma de ação, uma nossa reação à inércia no momento atual. A política é, portanto, o exercício do poder que está presente na tensão existente em todas as relações sociais.

---

[18] *Para repartir com todos*, poema de Thiago de Mello. Disponível em: <http://www.caravanapoetica.com.br/caderno.pdf>. Acesso em: 24 jan. 2012.

> **Vida política é:**
> adequar o nosso quadro de valores às transformações sociais e entender as diferenças entre as pessoas, os grupos, as nações, em evidência ou não.

Não podemos (e isso nos deixa mal) ignorar as ações políticas institucionais sobre a vida das pessoas, próximas ou distantes física ou socialmente. E o trabalho voluntário existe justamente para levar solidariedade, atenuar as consequências das escolhas políticas, tentando aliviar as diferenças sociais. Ações solidárias trazem compensações ao indivíduo por não ter ficado de braços cruzados esperando pela ação dos políticos profissionais. E não beneficia apenas os indivíduos, mas também a humanidade como um todo. Persiste a utopia, sempre elaborada com outros nomes, filosofando os pensadores sobre todas as tentativas de enunciar a temática para a qual a próxima luta é dirigida. Os sonhos continuam a existir como um aspecto da natureza humana que acredita que outro mundo seja possível.[19]

---

[19] OLIVEIRA, Dennis de. O caçador e o jardineiro. Entrevista com Zygmunt Bauman. *Cult*, Edição especial, ano 15, n. 4, pp. 36-41, jan. 2012.

Entre na Roda de Satisfação da Vida e analise a dimensão solidária

Pontue-se numa escala de zero a dez:
- De que modo eu encaro a experiência de não apenas conviver, mas de compartilhar a humanidade que iguala a todos?
- O que tenho feito em termos de atividades solidárias e voluntárias?
- Qual é a minha contribuição para a solução de problemas mais amplos e que me afetam?

[Nota: _____]

Parte 3
Aprender – Capacidade de mudar e projetar a vida

15. *A busca do equilíbrio*

> É na ação que o homem se revela a si mesmo.
> (Hannah Arendt)[1]

As diversas dimensões da vida – física, mental, emocional, espiritual, familiar, social, profissional, material, solidária – são "realidades múltiplas", no dizer de Schutz. Mais que isso, elas são concomitantes, coexistem. Se as variadas facetas do nosso viver se complementam, surpreendentemente essa realidade se mostra una, única, e misteriosos são seus meandros. O segredo da vida está no equilíbrio entre suas dimensões.

Cada uma dessas ordens de realidade produz seu significado, variável conforme o histórico de vida, a cultura, a referência social a que pertence o indivíduo. Parcelas dessas esferas de relevância da vida se expressam pela linguagem que, como um filtro de apropriação da realidade, dão forma aos planos cotidianos de prioridades pessoais. É importante que pensemos, conversemos e até escrevamos sobre nossa experiência, pois essas "realidades

---

[1] ARENDT, Hannah. *A condição humana*. Rio de Janeiro: Forense-Universitária, 1987, p. 15.

múltiplas" da vida objetiva estão presentes na estrutura social que é histórica e determinada:

> Todo homem está em relação mútua com outros homens. É membro de uma estrutura social na qual nasce ou na qual ingressa, e que existia antes e existirá depois dele. Todo sistema social total tem estruturas de relações familiares, grupos etários e gerações; tem divisões de trabalho e diferenciação segundo ocupações; tem equilíbrio de poder e domínio, líderes e liderados, e isso com todas as hierarquias consequentes.[2]

Embora limitada, essa concepção das grandes estruturas que formam o social mostra que cada uma das esferas de ação tem sentido e exige uma forma de apreensão, ou seja, há um conhecimento que se desenvolve sobre o trabalho, a família, a vida material etc., configurando a realidade de cada pessoa. Esse mundo vivido compõe-se, segundo Schutz, de uma consciência, uma espontaneidade, uma experiência, uma socialidade, um tempo e uma vida prática aos quais traçamos um *paralelo de exemplos* para, assim, melhor apreender as ferramentas de apoio deste livro – Roda de Satisfação da Vida e Meu Projeto de Vida:

---

[2] SCHUTZ, Alfred. In: SMART, Barry. *Sociologia, fenomenologia e análise marxista*. Rio de Janeiro: Zahar, 1978, p. 124.

a) uma tensão específica da onisciência;	a) temos consciência da dimensão corporal, por exemplo;
b) um tipo de espontaneidade;	b) a espontaneidade que temos na vida privada, no relacionamento íntimo;
c) uma determinada experiência em si;	c) na família, por exemplo, vivemos a experiência de infância, de adolescência, de juventude, de vida adulta, de pessoa idosa;
d) uma forma de socialidade;	d) no ambiente profissional há uma socialidade do trabalho (discrição, competências, hierarquias etc.);
e) nossa experiência material de bens e consumo muda, por exemplo, com o avanço tecnológico, mas também com a idade pessoal;	e) uma perspectiva temporal;
f) um "estar no mundo", a vida prática.[3]	f) o mundo da vida é intersubjetivo por serem sociais as nossas ações; elas são com os outros.

Alcançar o equilíbrio entre as dimensões faz diferença na qualidade da nossa vida.

---

[3] SCHUTZ. In: CAPALBO, C. *Metodologia das Ciências Sociais*; a fenomenologia de Alfred Schutz. Rio de Janeiro: Antares, 1979, p. 75.

Afinal, o que é o equilíbrio? Como ocorre o equilíbrio, se não vivemos de modo compartimentado as nossas emoções, pensamentos, atitudes? Onde está o equilíbrio quando aprendemos em todas as frentes ao mesmo tempo, registrando experiências sem limites entre elas? Equilíbrio e bom senso se equivalem, há o meio-termo entre polaridades de comportamento, diferenças de cultura, reações individuais e condicionamentos sociais.

O ser humano tem luz própria, como uma estrela que, para brilhar, terá de conseguir essa harmonia entre as diversas esferas de sua vida. O risco do trabalho dilatado no mundo da vida está em, prendendo-se ao plano da sobrevivência, dar prevalência ao "ter" ao invés do "ser". Em decorrência da dinâmica produtiva, as relações sociais tendem a ser mercantilizadas. A ausência do equilíbrio entre vida pessoal e profissional traz a dedicação física e mental excessiva ao trabalho. É comum o executivo que permanece 10 ou 12 horas por dia no escritório e ainda leva trabalho para casa, mesmo nos finais de semana. Muitas vezes, em férias ou suposto descanso, ele liga para o escritório para ter notícias. Obcecado pelo trabalho, a sua identidade pessoal acaba sendo sufocada pela identidade profissional.

Vida em equilíbrio é:
não valorizar apenas uma parte das muitas de que somos feitos.

A vida nos parece um longo dia de trabalho depois do outro? Busquemos equilíbrio. Existe vida extramuros do trabalho.[4] A sua suspensão temporária por doença, desemprego ou por aposentadoria acarreta perda dessa identidade única e as pessoas ficam sem ponto de referência, desorientadas, deprimidas, desestruturam-se emocionalmente, sentem-se inúteis como se não tivessem mais nada a contribuir.

> **Pare e pense**
> • Quem sou eu além do profissional?
> • Quais são meus sonhos?
> • Quais são meus interesses?
> • Como ocupo meu tempo livre?
> • Como está meu relacionamento familiar e social?
> • O que faz brilhar meus olhos?
> • O que estou estudando?
> • Faço alguma atividade voluntária?

Não é possível dissociar a pessoa do profissional. Como numa balança, os dois lados precisam estar equilibrados; de nada adianta o sucesso profissional à custa de problemas com a família e baixa qualidade de vida. Cabe a nós escolher o caminho a seguir e escrever nossa

---

[4] MORASSUTTI, Antônio Carlos. *Boletim Clube dos Desaposentados*, n. 48, out. 2010.

história. Se interiormente ficamos enriquecidos, podemos efetivamente sentir mais alegria em nosso viver.

> **Caro leitor,**
> Em nosso desenvolvimento pessoal muitas são as alternativas de vida. Feita a escolha, encetamos esforços para realizá-las. Enfim, corremos atrás dos nossos sonhos e objetivos. É importante ter consciência deles em qualquer idade, fase da vida ou dimensão da realidade, por isso vale à pena:
> - encarar a fase profissional, *o trabalho, como uma etapa importante* e necessária, mas não como finalidade da sua existência;
> - buscar um maior *equilíbrio na vida pessoal/profissional* desde o início de sua vida produtiva;
> - procurar o *autoconhecimento e o aperfeiçoamento pessoal* (corpo, mente e espírito), junto com o desenvolvimento profissional;
> - *traçar um projeto pessoal de vida*, sua visão de mundo e seus propósitos, definindo seu ponto de chegada material e espiritualmente.

Encontrar o ponto de equilíbrio entre as diversas dimensões da vida é o caminho. É preciso basear o estilo de vida em valores internos e não apenas externos, buscar uma razão de viver. No movimento está o equilíbrio, e não na ausência dele. Olhemos o exemplo dos ciclistas. Para que se mantenham em equilíbrio, precisam pedalar. Impossível ficar parado em uma bicicleta!

> Equilíbrio é agir. Ação é mudança.

Ação é a fonte do significado da vida humana, capacidade de ser e fazer algo que permita construir e revelar sua identidade. Ao agir o homem exerce a liberdade enquanto capacidade de reger o próprio destino. A ação, única atividade que se exerce sem a mediação das coisas, corresponde à condição humana da pluralidade. Ou seja, somos e estamos entre os homens. Programar-nos com maleabilidade às situações é uma das ações que nos tiram da turbulência e não nos deixam privilegiar uma só dimensão; o trabalho é um exemplo.

> **Lição de Vida**
> Como achar o ponto de equilíbrio?[5]
> - Defina prioridades pessoais, profissionais, familiares e distribua seu tempo adequadamente entre elas. Escreva o planejamento, se necessário, e siga-o.
> - Estipule prazos para alcançar seus propósitos na vida pessoal, familiar.

---
[5] ALLEN, David. *Produtividade pessoal*: a arte de trabalhar sem *stress*. São Paulo: Campus, 2001.

- Não fique mais tempo no escritório ou trabalhando até seu limite. Isso pode prejudicar sua vida, relacionamentos, saúde.
- Centralize sua agenda em um único lugar, seja no papel, seja no computador. Perde-se tempo procurando dados importantes, ainda mais quando não os encontra.
- Não deixe anotações em papéis soltos (telefones, orçamentos etc.). Anote-os num só lugar.
- Não desmarque férias nem falte a compromissos familiares importantes (nascimentos, aniversários, outros).
- Tenha a pauta das reuniões bem definida.
- Planeje-se para fazer todas as ligações do dia de uma só vez. Ao atender telefonemas inesperados, não se delongue.

A vida se renova a olhos vistos, biológica e socialmente, no sentido de sermos como inquilinos da própria vida. Estamos à procura de luz para o enigma pessoal; muitas vezes nem nos reconhecemos tamanha é a mudança a nossa volta e surpreendente nossa reação. Vale a pena organizar-nos com antecedência, relacionando as atividades do dia seguinte, antes de agirmos automaticamente.

As mudanças nos atingem e forçam adaptação a elas. "A vida própria é radicalmente não idêntica", alerta Ulrich

Beck em sua Tese n. 13,[6] mostrando que estamos sob o efeito da sociedade complexa, na qual grandes transformações se processam nos modos de vida. Vivemos uma modernização estabelecida e veloz nos padrões culturais específicos (família, trabalho, religião, política etc.); nos componentes convencionais de segurança da sociedade (aparato jurídico, negócios, ciências etc.); nas fontes coletivas e grupais de referência cultural da sociedade industrial (classes sociais, crença no progresso, instituições liberais etc.). Ao se desestabilizarem, essas condições institucionais da sociedade econômica e das democracias do século XX provocam exaustão, desintegração e desencantamento, impondo um esforço de definição de novos cenários.[7]

Na medida em que as relações sociais dependem hoje de decisões escolhidas entre as opções possíveis, a individualização é um traço da sociedade que prolonga sua modernidade. Que processo é esse que singulariza uma época, valoriza, adensa e esgarça, soma e divide nosso conhecimento sobre nós próprios e a sociedade? [8] Dado

---

[6] BECK, U. *Costruire la propria vita*; quanto costa la realizzazione di sé nella società del rischio. Bologna: Il Mulino, 2008; Tese n. 13.

[7] O movimento da sociedade moderna a tudo individualiza. A figura do indivíduo nasce da sociedade industrial e tem na fábrica o protótipo do seu *status*, a ponto de o trabalhador ser aquele que oferta individualmente sua força de trabalho no mercado.

[8] Esse é o processo de individualização concebido originalmente por Georg Simmel, Émile Durkheim e Max Weber, clássicos da Sociologia tradicional, que viam nesse processo uma raiz comum entre indivíduo e sociedade. No início da era moderna,

o avassalador processo de modernização, somos levados a recompor o pensamento e a ajustar constantemente nosso "estar no mundo". Avaliações frequentes de nossas ações nos ajudam a viver melhor. Tudo se moderniza e se transforma, dizemos com certo orgulho e até resignação, sem perceber muitas vezes quão difícil é acompanhar o processo que nos envolve, individual e coletivamente, qual desenfreada corrida rumo ao que é moderno, atualizado, um sempre renovado estado das coisas.

> À medida que olhamos para nosso interior, conhece-mo-nos melhor, ganhamos abertura para o mundo e um maior entendimento da vida.

Nessa cultura de excesso e efemeridade, importa resgatar a águia que temos em nós, num voo da criatividade e superação, sem permitir que se desnature o ser de necessidades que também somos, recomenda o teólogo Leonardo Boff.[9] O equilíbrio deve ser buscado dentro de nós. Voltemos o pensamento para o "eu interior", acertemos o rumo, pois somos timoneiros do próprio barco. Passado o vendaval, a nossa "árvore da vida" é recomposta, respira e retoma a serenidade.

---

o processo de individualização significava um encaminhar dos seres humanos à emancipação da rede de dependência, controle e imposição da comunidade.

[9] BOFF, Leonardo. *O despertar da águia*. 15. ed. Petrópolis: Vozes, 2011.

16. "Estar no mundo" é avaliar-nos constantemente

> Se a reflexão não abre caminho, obstaculiza,
> se não abre brecha por onde avançar, paralisa.
> (Jesus Barbero)[1]

A partir de um mínimo de consciência de "estar no mundo" (fazer-se presente), o homem projeta sua vida, faz planos, idealiza aonde quer chegar. A existência humana só se concretiza à medida que se esvai no tempo, em todas as sociedades, no interior de cada cultura. Como um caminho a ser percorrido, a vida individual é o grande desafio a realizar, definido em versos:

> *Caminhante, são teus rastros*
> *o caminho, e nada mais;*
> *caminhante, não há caminho,*
> *faz-se caminho ao andar.*
> *Ao andar faz-se o caminho,*
> *e ao olhar-se para trás*
> *vê-se a senda que jamais*

---

[1] BARBERO, Jesus M. *Comunicación masiva*: discurso e poder. Quito: Ciespal/Época, 1978, p. 14.

se há de voltar a pisar.
Caminhante, não há caminho,
somente sulcos no mar.[2]

O poeta inspira-nos a ser os protagonistas da nossa própria vida. Não há como delegá-la a ninguém, tampouco temos roteiro previamente estabelecido. Seguimos nosso caminho, desenhando trilha única, sem tempo a desperdiçar ou certeza do que encontrar. Apenas caminhamos.

Na vida se conjugam tempo e espaço – uma distância a percorrer num tempo determinado, ambos desconhecidos. Com esse presente à mão, a consciência dele nos responsabiliza a prosseguir. "Temos que decidir o que fazer com o tempo que nos é dado", diz o mago Gandalf no filme *O senhor dos anéis.*[3] Realmente o uso do tempo é uma questão de decisão, de escolha, e pode

---

[2] Antonio Machado é poeta espanhol de Sevilha (1875-1939), com escritos literários políticos. Um de seus poemas mais divulgados, e nem sempre citada a autoria, é *Caminante, son tus huellas el camino, y nada más; caminante, no hay camino, se hace camino al andar. Al andar se hace camino, y al volver la vista atrás se ve la senda que nunca se ha de volver a pisar. Caminante, no hay camino, sino estelas en la mar.* Trata a questão da prioridade essência/existência e são versos da estrofe XXIX de "Proverbios y cantares", do livro *Campos de Castilla*, cuja primeira edição data de 1912.

[3] *O Senhor dos anéis: a sociedade dos anéis*, 2001, EUA, filme dirigido pelo neozelandês Peter Jackson, ganhador de 4 Oscars (melhor fotografia, efeitos visuais, maquiagem, trilha sonora original) da Academia de Artes e Ciências Cinematográficas de Hollywood (EUA).

ser a chave de bem viver, porque tempo é mudança e precisamos aprender a lidar com a mudança.

Em meio a adversidades de toda ordem, levamos a mensagem a Garcia,[4] percorrendo o caminho qual condução da chama à pira olímpica. O que nos move em direção à vida, a manter acesa essa chama? De onde saem o impulso, o fervor, o prazer, a rotina, a astúcia que tantos indivíduos demonstram em construir a própria vida? A resposta reside no homem e na sua vontade.

> Somos feitos de vontade e dela precisamos para que a vida aconteça.

Parece simples: saber o que realmente queremos a cada momento. Ao longo de uma história biográfica, porém, como fica essa vontade humana? O tempo não pode ser acusado pela nossa inércia, porque ele é uma criação do próprio homem. "Dizer eu não tenho tempo é o mesmo que dizer eu não quero", afirma o filósofo Lao

---

[4] "Mensagem a Garcia" é título do ensaio escrito por Elbert Hubbard (1856-1915), publicado na revista norte-americana *Philistine*, de março de 1899. A expressão tornou-se popular em alusão ao cumprimento de uma incumbência recebida. Era, no entanto, uma severa admoestação aos trabalhadores para obedecerem à autoridade e devotarem-se ao trabalho. Relata a história do coronel Andrew Summers Rowan (1857-1943), que heroicamente entregou uma mensagem do presidente estadunidense William McKinley (1843-1901) ao general cubano Calixto Ramón García Iñiguez (1836-1898).

Tzu.[5] Fruto da vontade, a determinação é nossa aliada na conquista dos sonhos.

A consciência de "estar no mundo" e racionalmente interagir, balizando interesses pessoais, na família, no trabalho e em outros círculos de convivência, é, sem dúvida, lidar com o tempo. O passado não nos pertence, o futuro é inatingível, só existe o presente. Mas o tempo é uma dimensão que nos enreda, integra nossa vida operando transformações, diz o poeta Jayme Caetano Braun:

> *Tempo é alguém que permanece*
> *misterioso, impenetrável,*
> *num outro plano imutável*
> *que o instinto desconhece,*
> *por isso a gente envelhece,*
> *sem ver como envelheceu,*
> *quando sente, aconteceu,*
> *e, depois de acontecido,*
> *fala de um tempo perdido*
> *que, a rigor, nunca foi seu.*[6]

---

[5] Lao Tzu, Lao Tze ou Laozi identificam uma das maiores personagens da filosofia chinesa antiga, cujo significado é "velho mestre", criador do Taoísmo, que viveu entre os séculos 6 e 4 a.C. Há controvérsias. Tao, em chinês, significa "o caminho" e costuma ser definido como o princípio natural que regula a ordem do universo físico. Lao Tze aconselha a "agir sem agir" sendo espontâneo, de acordo com os próprios sentimentos, sem pensar na aprovação dos outros. Disponível em: <http://educacao.uol.com.br/biografias/lao-tze.jhtm>. Acesso em: 11 jan. 2012.

[6] BRAUN, Jayme Caetano. *Do tempo*. Disponível em: <http://www.juntandorimas.com/poesias/jayme/dotempo.htm>. Acesso em: 16 abr. 2012.

Símbolo social imperativo nesta era da modernidade que se esgota, os homens sentem-se pressionados pela rapidez do tempo. Os cientistas tentam explicar esse fenômeno. Parece que o tempo corre e faz pensadores de todas as épocas expressarem essa percepção da fugacidade da vida. O poeta latino Virgílio (70-19 a.C.) confirmava o tempo a fugir e o filósofo Sêneca (7 a.C.-65 d.C.) dizia, em *Sobre a brevidade da vida*, que, constrangidos pela fatalidade, sentimos a vida passar sem que a percebamos.[7] Em realidade, o sentimento da acelerada passagem do tempo refere-se ao curso da vida humana e também às transformações da natureza e da sociedade. Essa sensibilidade ao tempo é própria das sociedades industriais avançadas e provoca uma autodisciplina.[8]

O relógio nos pressiona como se o calendário nos fugisse – uma sensação cada vez mais real, que se tornou uma segunda natureza, aceita com naturalidade. "Parece que o Natal foi ontem!" é uma frase comum. Não deixe a rotina se instalar (mude o trajeto de volta para casa), seja

---

[7] SGARIONI, Mariana. Sem tempo para nada?... *Vida simples*, edição 57, s.d.

[8] O fenômeno de autorregulação em relação ao tempo surgiu na era moderna. Segundo Norbert Elias, indivíduos dotados dessa estrutura de personalidade tendem a aprender os acontecimentos – físicos, sociais ou pessoais – em função dos símbolos temporais, como se fosse de sua própria natureza e da natureza humana em geral. Essa individualização da regulação social do tempo é parte do processo civilizador (ELIAS, N. *Sobre o tempo*. Rio de Janeiro: Jorge Zahar, 1998, p. 22).

criativo (faça uma nova receita na cozinha), acrescente algo às suas aspirações (um novo interesse).

> **Lição de Vida**
> *Felizmente há um antídoto para a aceleração do tempo: M & M (Mude e Marque). Mude, fazendo algo diferente, e marque, fazendo um ritual, uma festa ou registros com fotos.*
> *Mude de paisagem, tire férias com a família (sugiro que você tire férias sempre e, preferencialmente, para um lugar quente, um ano, e frio, no seguinte) e marque com fotos, cartões postais e cartas.*
> *Tenha filhos (eles destroem a rotina) e sempre faça festas de aniversário para eles, e para você (marcando o evento e diferenciando o dia). [...]*
> *Porque se você viver intensamente as diferenças, o tempo vai parecer mais longo.*[9]

À sociedade industrial associam-se a era da produção e do consumo em massa, o processo de urbanização, o Estado-nação, valores institucionais que organizaram e consolidaram a modernidade. Ser moderno significa estar em estado de perpétua mudança. Em que consiste esse processo? Como nos afeta?

---

[9] MENDONÇA, Airton Luiz. Mude e Marque. Jornal *Estado de São Paulo*, São Paulo, 2 maio 2007.

Numa espiral de mudanças sociais, a era moderna intensificou o processo de modernização com as invenções da técnica e da ciência, as inovações tecnológicas e organizacionais de gestão. Essa racionalidade é invasiva de todos os espaços sociais e penetra a individualidade. Dela, a industrialização, a urbanização, a burocracia, a administração, o planejamento são a face exterior em expansão constante. Impôs-se a modernidade "gerencial", que planeja e administra a ordem, joga com a previsibilidade e a capacidade de interferência em todos os processos sociais, inclusive a história.

Essa obsessão por planejar e realizar projetos marca a modernidade. Sua racionalidade instrumental necessita ver finalidade e aplicação em tudo. É uma sociedade ávida em normatizar, estabelecer padrões de verdade, de utilidade, de beleza, de propriedade, de felicidade.

A modernidade tem sido a era de "novos começos", do ruir de velhas estruturas sociais e do surgimento de outras. Acontece que essa "sociedade administrada", como a ela se refere Bauman, acelerou o seu ritmo de modernização no último século, leia-se: intensificou o desenvolvimento capitalista, a acumulação de riqueza. Enfim, a modernidade extravasou seu próprio projeto rumo à construção programada do futuro. Por isso, fala-se que vivemos na pós-modernidade, no sentido de uma obsessão a tudo o que é recente, atual e atualizado, que integra o presente, é efêmero e passageiro.

Uma forma histórica nova de "estar no mundo" é reconhecê-lo inacabado. Resta-nos encontrar o equilíbrio entre as diversas dimensões da vida, buscar uma razão de viver que nos torne seres satisfeitos com nossa condição humana, ainda que na incompletude. Para essa autorrealização precisamos estar alinhados a um projeto de sociedade que defenda a justiça, a igualdade, o bem comum, a vida no planeta, ou seja, a defesa do ser humano em primeiro lugar.

Vivência

Você já escreveu ou está pensando em escrever um livro? Que tal o livro de sua vida?

Assim como nos planejamentos estratégicos das empresas é feita uma retrospectiva para analisar desempenhos e resultados, identificando seus fatores impulsores, os pontos fortes e aqueles restritivos, convidamos você a fazer um resgate da história da sua vida.

Quem sou eu?

Leia inicialmente o roteiro de orientações dessa vivência e reserve um tempo para realizá-la. Por fim, faça o registro dos principais fatos que resgatou de sua vida, com base nas seguintes orientações.

Prepare-se para a vivência:

- Escolha seu lugar ideal de descanso; aquele a que mentalmente você se reporta para entrar em seu mundo interior e a que só você tem acesso.
- Acomode-se física e imaginariamente. Respire fundo e relaxe.
- Preste atenção ao seu entorno: os barulhos, as vozes, o ar do ambiente, o perfume. De olhos fechados, perceba tudo até não mais sentir nem ouvir absolutamente nada, por já ter incorporado o contexto exterior.
- Pense no seu "aqui e agora". Como se sente? Algum desconforto em seu corpo/organismo? Preocupa-se com algo ou alguém? Qual pensamento insiste em voltar à mente? Conscientize-se dessas manifestações e abandone-as por um instante.

Faça a vivência:

- Com respeito e delicadeza para com você, pergunte-se: "Como está minha vida hoje? Como sou todos os dias? Como me vejo? Quais são os meus interesses?

Com o que me ocupo no momento? Tenho planos para um futuro próximo? Quais são as pessoas que habitam minha vida? Como me relaciono com elas?" (Dê-se um tempo para reflexão.)

- Quem eu era há cinco anos? Quem convivia comigo? Onde morava e o que fazia? Quais eram os meus sonhos? (Dê-se um tempo para reflexão.)
- O que eu vivia há dez anos? Onde estava? Qual minha atividade mais intensa? Quais eram meus planos? Quem fazia parte de minha vida? (Dê-se um tempo para reflexão.)
- O que marcou minha infância? Como foi minha adolescência? Quais são as lembranças que tenho dos amigos? Que lugares eu frequentava? Quem foram os adultos da minha infância? Quais as minhas brincadeiras prediletas? Que recordação a escola/o colégio onde estudei me traz? (Dê-se um tempo para reflexão.)
- Depois de repassar momentos e impressões fortes de sua vida, faça-se a pergunta: "Quem sou eu?".
- Imagine uma folha de papel em branco, trace uma linha a partir da data do seu nascimento e anote mentalmente, ano a ano, fatos que foram significativos para você até o dia de hoje.
- Depois dessa cronologia, espreguice-se e vá retornando aos poucos ao seu "aqui e agora". Permaneça

> em silêncio e analise: "Que emoções e sentimentos pude experimentar nessa vivência? Como foi mergulhar no tempo 5, 10, 20 anos atrás? Como me sinto neste momento?".

Agora vá à p. 295 e faça o resgate da sua vida. Sempre que olhamos para o passado, compreendemos que a vida só pode acontecer porque nos projetamos, vamos em frente.

Revendo para o que viveu, você lutou para ser melhor? De que fatos mais significativos você se lembra? Quais foram as suas principais vitórias, conquistas? Quais momentos você considera tropeços?

Procure tirar lições. Aproveite para planejar seu futuro. O próximo capítulo o ajudará a fazê-lo. De forma interativa, vamos elaborar o Projeto de Vida. O fundamental são as reflexões sobre as diversas dimensões que compõem nossa "árvore da vida". Torná-la mais viçosa e frutífera é o objetivo.

17. Construindo meu Projeto de Vida

Fundamentos do Projeto de Vida

Lá bem no alto do décimo segundo andar do Ano-Novo
Vive uma louca chamada Esperança.
E ela pensa que, quando todas as sirenas
E todas as buzinas,
Todos os reco-recos tocarem,
Atira-se.
E – ó delicioso voo!
Ela será encontrada miraculosamente incólume na calçada,
Outra vez criança...
E em torno dela indagará o povo:
– Como é teu nome, menininha de olhos verdes?
E ela lhes dirá,
(É preciso dizer-lhes tudo de novo!)
Ela lhes dirá bem devagarinho, para que não esqueçam:
– O meu nome é Esperança...[1]

Um Projeto de Vida tem a ver com a esperança que trazemos no peito, com nossas convicções, ele "tem

---

[1] QUINTANA, Mário. Nova Antologia Poética. São Paulo: Globo, 1998, p. 118.

a nossa cara". Um Projeto de Vida deve ser pensado a médio e longo prazo. Com ele tomam forma e força os objetivos e as linhas gerais de ação da vida como um todo, em contraste aos planos e objetivos para períodos limitados. Um plano de vida pode não ser deliberado; muitas vezes é imposto pelas circunstâncias, embora dependa da nossa vontade mudá-lo e direcioná-lo no decorrer da vida.

Caro leitor, responda rápido: Quais valores você preza na vida? Qual missão se coloca? Que legado pensa em deixar? Se você pestanejou para responder é porque ainda não parou para refletir sobre o assunto ou nem sequer colocou isso no papel. De modo provocativo, arriscamos suspeitar que você saiba prontamente a missão e os valores da empresa ou instituição em que trabalha. Esse é um dos sérios problemas enfrentados no ambiente corporativo: as pessoas passam tanto tempo envolvidas e comprometidas com os planos estratégicos das organizações que mal conseguem estabelecer seu próprio Projeto de Vida, que também exige atenção e elaboração.

> Você tem de fato uma estratégia em sua vida? Ou apenas reage às situações enfrentando o que aparece? Você está direcionado para onde quer ir?

Quando falamos em Projeto de Vida, pensamos no futuro, na razão de existir, em um sentido maior ao que desejamos para nós mesmos. Para melhor entendimento do processo e torná-lo mais prático, partiremos da experiência empresarial com seus planos estratégicos. Se você atua em alguma entidade ou empresa, talvez esteja envolvido no seu planejamento estratégico ou comprometido com objetivos e metas a cumprir. O que acontece se não atingir suas metas? Pense sobre isso e tire suas conclusões.

As organizações costumam elaborar seu planejamento anual de forma que todas as unidades e trabalhadores tenham os objetivos e metas para um período. Perguntamos: ao iniciar um novo ano você tem claros seus propósitos pessoais? Assim como no ambiente empresarial existe o planejamento estratégico que estabelece aonde e como a empresa quer chegar, seus objetivos, metas e plano de ação, na vida do ser humano o processo deveria ser o mesmo.

Vivência

Experimente planejar um novo ano que começa ou trace um plano de ação a partir do seu aniversário. Aproveite a mudança de trabalho ou mesmo algum evento marcante na sua vida para projetar suas ideias. Basta uma folha de papel ou a tela do computador aberta a sua frente.

Primeiro, escreva suas ideias, intenções, planos, ainda que desordenadamente. Depois os agrupe por

> interesses diversos, como as dimensões da vida aqui sugeridas. Você ficará surpreso com a capacidade de multiplicação dos seus sonhos e desejos.
>
> Passe a limpo seu planejamento, imprima-o, guarde-o num lugar em que possa vê-lo, vez ou outra. Confira. Veja sua consistência, cheque suas possibilidades e iniciativas em prol da realização do seu Projeto de Vida. Não o esqueça. Retome-o periodicamente, avalie seu andamento, seu empenho e os resultados.

Como em uma viagem, na vida, precisamos saber aonde queremos chegar e estabelecer o melhor itinerário, tendo certeza de que estamos no caminho correto. Essa questão é importante, pois às vezes nos iludimos com as muitas atividades, a correria dos tantos afazeres e, quando percebemos, estamos seguindo o caminho errado. É como se estivéssemos subindo um prédio de muitos andares, degrau por degrau e, quando chegássemos ao último andar, percebêssemos estar no prédio errado. Isso é o que acontece aos que não localizam o norte em sua bússola, não sabem aonde querem ir, não têm um projeto pessoal. Só depois de muito andar percebem que estão equivocados e não era aquele o objetivo. Isso acontece aos que deixam a vida os levar, quando é imprescindível ter claro o que queremos ser e realizar.

> **Caro leitor,**
> é sempre possível mudar, recomeçar. Combata o comodismo. Veja-se vitorioso.
> Não esqueça: uma corrida de maratona começa pelo primeiro passo, a construção de uma catedral se inicia pelo primeiro tijolo, uma árvore frondosa foi cuidada todos os dias.

Estabelecer qual é a meta a atingir em diferentes fases da vida é perguntar-se: quais são meus verdadeiros objetivos? É importante saber para onde estamos seguindo de modo a melhor nos situar e avaliar o que alcançamos. Só assim podemos dar os passos na direção que pretendemos.

Em verdade, todas as coisas são criadas primeiramente em nossa mente e depois de forma mais estruturada. Imagine-se construindo uma casa. Quais são as providências? Primeiro vem o sonho, você a cria mentalmente, trabalhando com ideias, detalhe por detalhe: localização, arquitetura, funcionalidade. É preciso saber que tipo de casa se pretende, qual o tamanho, número de cômodos, disposição das peças, quantas pessoas vão morar nela, as necessidades e hábitos da família etc. Depois você contrata os profissionais e transmite a eles sua ideia da casa para que possam projetá-la técnica e esteticamente. Aprovados os projetos da construção, é feita a relação dos materiais e são elaborados os orçamentos. Você verifica se tem os recursos necessários para construir a casa, vai às compras e só então começa fisicamente a obra. Você já pensou se fizesse o inverso e iniciasse pelas compras e colocasse o primeiro tijolo? Qual seria o resultado? Assim também é com a vida. Essa é a razão da necessidade de se ter um bem pensado plano de ação.

Sugerimos alguns passos que sustentam o projeto de vida:

a) *Passado:* olhar para trás e avaliar o que viveu; de onde partiu, onde chegou; o caminho que trilhou.

b) *Futuro:* antecipar-se e analisar suas pretensões do que espera que aconteça. Somar o estoque de conhecimento às experiências da vida e vislumbrar a ação a realizar, como se a ação já estivesse realizada.

c) *Conhecimento:* conhecer e conhecer-se, tomar consciência dos motivos que o movem e das condições para concretizar a ação.

d) *Ação:* agir para realizar o que se propôs. As escolhas ocorrem, então, num movimento de retrospectiva e de previsão, diz Schutz.[2] O passado e o futuro fazem parte do presente. Um constitui

---

[2] SCHUTZ, A. Op. cit., 1979, p. 123-142.

lição de vida, avaliação; outro abre horizontes, é portador dos sonhos.

Todo Projeto de Vida é, na verdade, um planejamento estratégico em etapas subsequentes:

a) *Diagnóstico:* faz-se um exame retrospectivo do que foi feito, se deu certo ou errado, dos pontos fracos e fortes.

b) *Perspectiva:* estabelece-se uma visão de futuro, para ver aonde se quer chegar. Lembrete: sonhar é o primeiro passo para realizar o futuro.

c) *Fins a serem atingidos:* estabelecimento de objetivos, metas, ações que viabilizem o projeto e motivem sua realização.

d) *Estratégias de ação:* a consequente implementação do projeto. Ações concretas desenvolvidas traduzem os meios utilizados para atingir os resultados esperados. Lembrete: agir é saber equilibrar-se.

Retrospectiva é rever o passado, é conhecer-se e fazer a vivência "Quem sou eu?", como proposta no capítulo 16. Também através da Roda de Satisfação da Vida você tem oportunidade de se autoavaliar nas diversas dimensões da vida, o que representa a sua posição, onde chegou e o ponto de análise e partida para seu Projeto de Vida.

Em nossa vida diária, os fins que projetamos levam-nos a adotar meios para realizar um plano preconcebido, seja um momento de lazer, seja um ano de trabalho. Nossas escolhas referem-se a decisões que antecipamos mentalmente e expressam interesses inter-relacionados num contexto maior.

A ação nunca está isolada do mundo e o Projeto de Vida é a antecipação de uma conduta futura pela qual o sujeito se vê imaginando a ação que realizará. "Entre este presente antecipado e o ato concluído existe o caminho que leva ao preenchimento", diz Schutz.[3] Estabelecer um Projeto de Vida é comprometer-se a agir num tempo determinado. Projeto e desempenho andam juntos.

> **Lembrete**
> Não importa sua idade, nem em que fase você está, pois agora e sempre a vida é um projeto.

Lembre-se de que tudo começa com o sonho. É sonhando que você antecipa o futuro, é através do sonho que você idealiza o que gosta de fazer e o que valoriza na vida. Aproveite sua experiência e elabore seu Projeto de Vida pessoal. Nada acontece por acaso. Tudo o que existe foi antes sonhado e pensado. Se você não sonhar, vai acabar realizando os sonhos de outros; se não tiver um Projeto de Vida, fatalmente cumprirá projetos de outros.

---

[3] SCHUTZ, A. In: CAPALBO, C. Op. cit., 1979.

Caro leitor,

"Como sempre, as perguntas que fazemos é que têm importância, pois incorporam as maneiras de ver e sentir que definem o que estamos procurando e como falamos disso" (Alan Dawe).

Indague-se com frequência a fim de refazer seus planos:

- O que vim fazer neste mundo?
- Qual é a verdadeira razão de minha existência?
- Aonde eu quero chegar? Quais são meus objetivos?
- Qual é minha missão, a visão de futuro?
- Conheço minhas forças? Quais são meus pontos fortes? Como aprimorá-los?
- Quais são minhas fraquezas, meus limites? Como aceitá-los e retrabalhá-los?
- Quais são meus princípios e valores, minhas escolhas?
- Quais são meus talentos e o que me dá prazer?
- Como desempenho meus papéis sociais?
- Qual é minha participação na sociedade?
- Como imagino minha biografia? Como quero ser lembrado?
- Qual será meu legado? Com o que espero contribuir para este mundo?

Provavelmente você não teve oportunidade de refletir sobre estas questões na sua formação escolar e muito menos nos treinamentos empresariais. Agora está diante de uma grande chance de repensar sua vida, fazer um amplo balanço de suas realizações no campo pessoal, profissional e familiar, avaliando os erros e acertos, e o que deixou de cumprir e gostaria de ver realizado. Este é o momento de definir sua missão e perspectiva de realização pessoal, reavaliar suas atividades, resgatar seus valores com reforço nas relações familiares, de amizade e na qualidade de sua vida. É importante verificar o que traz na bagagem e o que precisa acrescer no caminho.

Pare e pense
O Projeto de Vida não é algo definitivo; precisa ser revisado regularmente, às vezes com mudança de rumo.

Estamos falando de futuro e esse é um convite para ampliar sua visão da vida. Não se esqueça de que existem muitas atividades e ocupações além do trabalho. Pense de forma mais abrangente do que a usual, que só considera aspectos da vida profissional. Planeje seu futuro contemplando cada uma das dimensões e valendo-se da Roda de Satisfação da Vida. Como um instrumento de autoconhecimento, ela permite olhar para todos os sentidos e direções, ajudando-o a projetar a vida nas diferentes perspectivas de realização.

Por fim, siga sua vontade e não a vontade de outros. Pense no que você gostaria de ser, e não no que os outros gostariam que você fosse. Planeje algo que combine com seus desejos e talentos. Para que dedicar 2/3 de sua vida ao trabalho, dormindo pouco, muitas vezes chegando à casa tarde, estressando-se, ficando longe dos filhos ao ponto de não vê-los acordar e vê-los dormindo ao fim do dia? Para que ter jornada dupla ao dia, somente para ganhar dinheiro? Este é o ponto chave que propomos para reflexão. De nada adianta sermos bem-sucedidos no trabalho à custa de problemas de saúde, baixa qualidade de vida e distanciamento da família.

Planejamento do Projeto de Vida

Minha situação atual

No final do capítulo 16 você foi convidado a fazer um resgate da sua vida, escrevendo os fatos mais significativos. Se ainda não escreveu sua história, faça-o agora, pois a reflexão é importante, é como escrever o capítulo inicial do seu livro.

Caso tenha escrito a história da sua vida, releia o que escreveu. É algo que já aconteceu e pertence ao passado, é um quadro pintado e sobre o qual você não tem mais domínio, não pode mudar, mas serve como referência e aprendizagem. Fazendo essa retrospectiva de sua vida, como você se vê? Muitas conquistas, vitórias? Teve algum tropeço? Você se considera um herói/uma heroína?

> **Pare e pense**
> Quais pessoas você considera que influenciaram sua vida em algum momento (infância, adolescência, nos estudos, no trabalho etc.), balizando sua ação pelo exemplo, conselho, conduta, caráter? Reavive seu sentimento de gratidão a elas.

Como o autoconhecimento não faz parte da educação formal e muito menos dos treinamentos empresariais, oferecemos a você uma ferramenta que permite ter uma visão panorâmica da vida, com reflexões sobre cada uma das suas dimensões. Como foi sua autoavaliação através da Roda de Satisfação da Vida? Houve novidades ou apenas confirmações? Como se sentiu nesse processo?

Agora vá à p. 296 e transcreva no gráfico as notas que você se atribuiu em cada uma das dimensões da vida. Confirme se estão corretas e se realmente espelham o seu momento atual; esta é sua autoavaliação. Com uma caneta ou lápis de cor preencha cada um dos espaços. Analise sua busca de equilíbrio.

Quais expectativas você alimenta a seu respeito? Que tal avaliá-las? Lembremo-nos da importância da humildade na autoavaliação, pois ninguém é perfeito. Alguns são generosos consigo mesmos, outros mais exigentes, porém procuremos honestamente não nos enganar.

Faça um comparativo da Roda de Satisfação da Vida com a "árvore da vida". Os contornos da Roda formam "sua árvore". Olhe para ela com o coração e não apenas com os olhos, pois é sua realidade, seu estado de ser e "estar no mundo". Observe-a isoladamente, veja-a de todos os ângulos como se a sobrevoasse. As raízes e o tronco demonstram a firmeza no chão dos seus valores; a copa e a ramagem falam dos seus talentos e habilidades).

A "sua árvore" está bem enraizada ou corre o risco de inclinar-se, vergando ao sabor dos ventos fortes? E como está a folhagem, o seu voltar-se para o mundo? Agora olhe a "sua árvore" no conjunto da floresta: como são as suas relações sociais? Você se situa na sociedade, considerando todas as espécies ao seu redor nesse microssistema de sustentabilidade? Vá à p. 297 e faça uma reflexão conclusiva sobre sua situação atual em relação às diversas dimensões da vida.

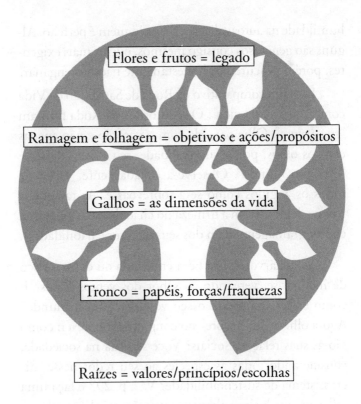

As forças e as fraquezas

Conheço minhas forças? Sei quais são minhas fraquezas?

Ao fazer o resgate da história da sua vida, você teve oportunidade de listar os fatos mais significativos, suas conquistas, enfrentamentos e dificuldades. Quais foram seus pontos fortes, as forças que o trouxeram até aqui? Quais fraquezas, carências, limitações contribuíram para algum revés ou impediram-no de conseguir algo?

Olhe novamente para sua Roda de Satisfação da Vida. Que notas você se atribuiu? O que identificou com forças e fraquezas? Em quais dimensões você está melhor? Quais são seus pontos fortes, seus aliados, aqueles que alavancam sua vida? Apreciamos nossos feitos, por isso estamos em condições de dar curso ao nosso projeto; há muito por viver.

Em qual das dimensões você obteve menor desempenho? Qual delas pode considerar como fraqueza? Identifique alguns pontos fracos a enfrentar. Em quais dimensões você terá que colocar mais atenção e esforço para obter um maior equilíbrio na vida? Somente nos conhecendo, avaliando-nos, saberemos quais são nossos pontos fracos para poder combatê-los e corrigi-los. Não devemos ter medo de avaliar nossa trajetória, nem com ela nos iludir. Quais são os pontos fracos a conhecer? Como fazer para que não continuem nos limitando?

Quaisquer que sejam as condições de vida, elas só nos exigem a disposição para as mudanças. É necessário compreender nossas forças e fraquezas na maneira como nos vemos, pensamos e agimos em todos os ambientes que convivemos e também nos enfrentamentos pessoais, terçando forças com as próprias dificuldades. A sociedade contemporânea nos exige autoconhecimento, questionamentos, análise de cada situação, inter-relação de acontecimentos, enfim, reflexão sobre o mundo que nos cerca e condiciona.

Na atualidade, a vida individual está mais exposta a processos sociais amplos e complexos, como a globalização, a individualização e a perda da tradição. Cresce-nos uma inquietação que não é diferente daquela que invade o "espírito" da nossa época e leva Ulrich Beck a propor na Tese n. 9 – "A própria vida é uma vida experimental";[4] quer dizer, a vida é desprovida de certezas. Devemos nos perguntar em pleno redemoinho de mudanças: será factível nossa experiência de vida? Faremos com sucesso a passagem, a transição social em que estamos envolvidos?

Vá agora à p. 298 e liste suas forças e fraquezas. Lembre-se de que reconhecer suas fraquezas e seus limites é, antes de tudo, um gesto de humildade. Se não os conhece nem os reconhece, não irá conseguir trabalhá-los, modificá-los, podendo surgir como um entrave na execução do seu bem intencionado plano de ação. Novamente recomendamos que você partilhe com alguém suas conclusões, de forma a confirmar se você é visto assim por ele, se realmente são essas suas forças e fraquezas.

---

[4] BECK, U. Op. cit., 2008; Tese n. 9.

Os princípios e os valores

> Quais são meus valores? Quais são minhas escolhas?

Mantenha seus pensamentos positivos,
porque seus pensamentos tornam-se suas palavras.
Mantenha suas palavras positivas,
porque suas palavras tornam-se suas atitudes.
Mantenha suas atitudes positivas,
porque suas atitudes tornam-se seus hábitos.
Mantenha seus hábitos positivos,
porque seus hábitos tornam-se seus valores.
Mantenha seus valores positivos,
porque seus valores tornam-se seu destino.
(Mahatma Gandhi)[5]

Nossa vida é medida pelos bens que prezamos e esses são nossos valores. Valores correspondem a princípios e atitudes pessoais e sociais com significado para nós, ou seja, são referências na vida e, possivelmente, são universais. Valores são algo permanente como uma filosofia de vida, por estarem atrelados a uma ordem ética, afetiva, moral, cívica, religiosa. Princípios e valores nos quais acreditamos balizam ações e norteiam nosso caminho,

---

[5] GANDHI. Disponível em: <http://barcodavida.blogspot.com/>. Acesso em: 22 mar. 2012.

assim como no Evangelho de Mateus (6,23): "O teu tesouro está onde está o teu coração", alertando-nos sobre a excessiva preocupação com as coisas materiais.

É importante trazer à tona os valores que cultuamos no inconsciente para não assumir valores que não prezamos nem consideramos necessários ou integram apenas a realidade de outras pessoas. É problemático conviver, por questões de sobrevivência, com os valores de algumas entidades e organizações de trabalho, que são incompatíveis conosco, seja por falta de alinhamento, pelo uso de máscaras sociais, seja pela exploração do trabalho.

Sentimo-nos incapacitados diante da avalanche de informações e do solapamento dos valores sociais neste momento histórico. As fontes coletivas não preservam mais a origem do senso de identidade que a sociedade industrial colocou nos caracteres étnicos, na consciência de classe e na fé no progresso. Diluídas na turbulência da sociedade hipermoderna, fontes grupais de valores, como a família e a religião, por exemplo, já não oferecem tantas certezas.[6]

O que as pessoas precisam e o que sentem precisar *é uma qualidade de espírito que as ajude a usar a informação e a desenvolver a razão, a fim de perceber, com lucidez, o*

---

[6] Balançam os valores, padrões de um tipo de sociedade da proteção, como a do Estado do bem-estar social – concebido nos países desenvolvidos no século XX –, e ameaçam as referências históricas imediatas.

276

que está ocorrendo no mundo e o que pode estar acontecendo dentro delas mesmas. Wright Mills sugere que utilizemos a imaginação sociológica[7] para desenvolvermos a consciência de pensar as transformações sociais e relativizá-las.

A recomendação para que nos coloquemos no processo, ou seja, relacionemos as transformações impessoais e genéricas com nossas características mais íntimas, atende à Tese n. 8 de Ulrich Beck: "A própria vida perdeu qualquer tradição".[8] Nosso esforço é aprofundar as raízes éticas, morais, da nossa "árvore da vida", reinventar nossas tradições. Leia-se: precisamos alimentar os sonhos, realizar nosso Projeto de Vida.

As chamadas virtudes cardeais – temperança, prudência, justiça e fortaleza – são importantes para orientar nosso comportamento e atitudes. A temperança é o equilíbrio entre todos os esforços para "ser" e "ter", distinguindo-os. A prudência trata de nossa relação com os riscos tangíveis e intangíveis, ajudando-nos a manter o equilíbrio emocional e físico. Prudência se aprende vivendo e estabelecendo as relações de custo/benefício de cada desafio a ser enfrentado. A justiça está em respeitarmos os direitos dos outros, mostrando-nos o comportamento

---

[7] WRIGHT MILLS, C. *A imaginação sociológica.* 3. ed. Rio de Janeiro: Zahar, 1972.

[8] BECK, U. Op. cit., 2008.

justo em relação a fatos e pessoas. Esse julgamento é sempre feito com base em nossos valores.

À p. 298, liste os princípios e valores de que você não abre mão para viver bem com sua consciência pessoal e social.

Os papéis sociais

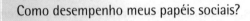
Como desempenho meus papéis sociais?

Somos um feixe de papéis sociais atribuídos ou assumidos que nos colocam expectativas a serem atendidas. Como nos desempenhamos em meio à variedade de papéis e seus desdobramentos de sermos filho(a), irmã(o), pai/mãe, marido/mulher, profissional, amigo(a), vizinho(a), colega de trabalho, cristã(o), cidadã(o), voluntário(a)? A certificação de nossa identidade está em precisarmos descobrir o sentido de viver, porque essa é a marca do nosso tempo – reflexivo, pensante, estimulante da consciência de "estar no mundo".

O aprendizado de papéis sociais tem por finalidade criar um ser novo, segundo o pensamento do sociólogo Durkheim, e se cumpre por meio da educação, enquanto um processo de socialização metódico das novas gerações.[9] Contudo, como fazer surgir um ser novo se não compatibilizarmos dentro de nós as faces complementares de nossas habilidades e capacidades autodeterminadas, sem agir conforme os propósitos que perseguimos, sem estabelecer interação com as outras pessoas?

Quantas horas do dia você dedica ao trabalho? Certamente passa parte significativa de sua vida em função do trabalho, talvez dê a ele mais tempo e atenção do que o necessário. O grande desafio é equilibrar o tempo e não deixar que o papel profissional desequilibre a Roda de Satisfação da Vida. Como você está nesta questão?

Siga para a p. 298 e liste quais são as atribuições/papéis que desempenha e pense em formas de viabilizar a atenção que merecem. Terá que avaliá-las, relativizá-las, procurando dar-lhes o real valor em sua vida.

---

[9] DURKHEIM, Émile. *Educação e sociologia*. 4. ed. São Paulo: Melhoramentos, 1955.

A missão

Qual é minha missão?

A pergunta é difícil? Claro que não. Torna-se difícil por não ter sido pensada antes. Ela nos remete a um interior abandonado, esquecido. Nosso rumo tem que estar definido: aonde queremos chegar, quais são nossos objetivos. É preciso também ter nítida consciência de qual é o caminho que estamos percorrendo para saber se estamos na direção imaginada. O que determina o sucesso de uma embarcação não é a direção do vento, mas a posição das velas.

Com uma visão clara do que quer realizar e do tempo em que se situa, você está em condições de definir seus planos, o que deve fazer como pessoa, o que tem a oferecer ao mundo. Cabe a cada um descobrir sua vocação, a inclinação específica para o que deseja alcançar com satisfação.

> A missão de cada um é semear ao seu redor, ainda que a colheita fique para as próximas gerações. O importante é ter a satisfação de ter preparado o melhor terreno e semeado a melhor semente, o resto corre por conta do tempo.[10]

---

[10] MELO, Orfelina Vieira. *Aposentadoria: prêmio ou castigo?* São Paulo: Ave-Maria, 2001.

Defina quem você quer ser, qual o sentido de sua vida, a que missão se propõe. Se passarmos parte da vida ativa e consciente comprometida com as metas e objetivos da empresa ou instituição a que servimos, onde ficarão nossas intenções pessoais? Não teremos a vida repetida, por isso os nossos propósitos são únicos, tanto quanto a oportunidade para implementá-los. Todos têm uma missão pessoal e muitas vezes nem pensamos sobre esta questão.

Será que vivemos para trabalhar? Ou valorizamos pouco o dom da vida? Somos seres únicos e insubstituíveis. Se definirmos um sentido maior para nossa existência, algo que nos motive e justifique o empenho, essa é a motivação para levantarmos todas as manhãs com disposição, entusiasmo e brilho nos olhos. Na p. 298, escreva sua missão.

A visão de futuro – meu legado

Qual será meu legado?
Com o que contribuo e espero contribuir para este mundo?

As lições de hoje são exigências de um tempo sempre presente, de atualizações sem ansiedade, de interesses avaliados e renovados. O momento de realizar nossos sonhos é agora, pois o passado não conta e o futuro nos acena. Apenas viver para o bem, no melhor tempo presente que possamos plantar.

Entre um recomeço e a continuidade dos acontecimentos, olhe o que fez, como lutou para ser melhor.

Fixe o presente bem à frente para alcançar a realização pessoal.

> ### Sabedoria de Vida
> Pesquisas recentes com pessoas idosas consideram alguns tópicos importantes para a satisfação na vida:[11]
> - **Casamento:** uma vida compartilhada produz valores e objetivos básicos comuns.
> - **Profissão:** a recomendação é de nos envolvermos em uma atividade profissional de que realmente gostemos, mas os entrevistados foram unânimes em dizer que a felicidade não provinha do trabalho.
> - **Filhos:** passar mais tempo em companhia dos filhos ajuda a detectar problemas antes que eles se ampliem.
> - **Envelhecimento:** quando encarado como um processo, a idade traz novas oportunidades e excede as expectativas, disseram os entrevistados.

---

[11] BRODY, Jane. Lições de vida. (*The New York Times*). Mundo/Ciência. *Gazeta do Povo*, Curitiba, p. 24, 21 jan. 2012.

- **Contatos sociais:** são importantes para nos situar no mundo, nos comunicarmos, convivermos. O isolamento nos adoece.
- **Arrependimento:** "sempre seja honesto" foi o conselho para evitar remorsos mais tarde; "abrace novos desafios", recomendam os entrevistados.
- **Felicidade é uma escolha:** você não é responsável por todas as coisas que lhe acontecem, mas você está completamente no controle de sua atitude em reação a elas.

Visão de futuro é o sonho, o que almejamos, o nosso ponto de chegada. É o legado que deixaremos para a posteridade. Legado é o que fica. Nossa contribuição para a família, a sociedade são nossas marcas. É importante analisar também os cenários, olhar para todos os lados, avaliar as possibilidades e, nesse sentido, a Roda de Satisfação da Vida é um excelente instrumento de apoio para o autoconhecimento.

O que encontraremos pela frente? Possíveis obstáculos, dificuldades, entraves no caminho de nossa realização (que a valorizam mais!). Ao reconhecermos as forças que nos impulsionam, aprendemos a definir melhor nossos sonhos, aqueles que nos motivam a seguir e a não desanimar diante dos desafios maiores.

Vivência

Minha festa dos 40, 50, 60, 70, 80 anos

Para melhor entendimento da visão de futuro, convidamos você a realizar uma hipotética viagem. Que tal uma viagem para o futuro? Como você gostaria de chegar aos 40, 50, 60, 70 ou 80 anos? Ao visualizar-se na idade escolhida, você vai preparar a sua festa.

Escolha alguma dessas datas, ou outra que represente um número redondo, como referência. O que você estará fazendo nessa idade? Como se sentirá? Será uma pessoa saudável? Será uma pessoa realizada e feliz?

Serão três momentos: a) uma leitura dos passos a seguir; b) fazer mentalmente a viagem; c) registrar os detalhes de sua festa.

a) Passos da viagem

Para se preparar para essa viagem fantástica é importante que você esteja só e num local tranquilo.

- Procure um ambiente apropriado, agradável.
- Sente-se confortavelmente, mantendo a coluna ereta. Deixe seu corpo descontraído, eliminando as tensões.
- Feche os olhos por alguns instantes e se concentre, de modo que possa ouvir sua respiração.
- Sinta o silêncio por alguns instantes. Tente se concentrar no aqui e agora, procurando se desvencilhar de preocupações que possam desviar sua atenção.

- Inspire e expire, contando. Lembre-se de que, ao inspirar, você está absorvendo ar puro e energia do universo e, ao expirar, está eliminando impurezas de toda ordem.

- Aproveite esses valiosos minutos para viajar até as profundezas do seu mundo interior, de maneira a sonhar, imaginar e planejar o que deseja para seu futuro.

- Veja-se num cenário que lhe dá agradáveis sensações.

- Faça de conta que você está vivendo esse futuro glorioso como se fosse agora.

- Seja o que escolher, você está no comando. Você é o autor, ator, roteirista e diretor desse filme da vida.

- Deixe sua mente voar e perceba-se daqui a dez... quinze... vinte anos ou mais.

- Ilumine-se com a fonte infinita que existe em seu interior e tem criado todas as coisas.

- Sinta essa força fluindo através de você, a firmeza da sua fé crescendo mais e mais, e diga para si mesmo: "Eu posso escolher a vida que quero viver, posso escolher quem eu quero ser".

- Lembre-se agora de pessoas que você conhece e admira – da sua família ou não –, e que estão, nesse momento, com a idade que você escolheu como referência para essa viagem. Como elas estão? Como está o corpo, a cabeça, a mente delas? São pessoas felizes e realizadas? Com certeza não poderão ser diferentes do que são, pois estão colhendo o fruto do que plantaram durante toda uma vida.

- A questão é: como você gostaria de estar quando chegar a essa idade? Reflita um pouco sobre isso.
- Deixe sua mente voar bem mais distante, muitos anos além do hoje e, como referência dessa viagem, perceba-se mentalmente preparando uma festa para a idade que escolheu.
- Quais serão a data e o local da festa? Qual será o tema? O que você vai servir de comida e bebida? Quem serão os convidados? Qual será a música? Que discurso fará?

b) Nessas condições ideais, faça sua viagem mental no tempo. Avance até a idade que imaginou e dê a festa dos seus sonhos. Neste exercício de projeção pessoal, como se sente?

c) Na p. 299, faça o planejamento da sua festa como foi pensada agora. Escreva sobre o local escolhido, qual será o tema da festa, quem você irá convidar, qual a música, o que servirá de comida e bebida e, de maneira especial, quais palavras você gostaria de ouvir de quem falará em sua homenagem. Não se esqueça de pensar no seu pequeno discurso, espontâneo, cheio de vida.

Como foi a vivência? Quais os sentimentos que experimentou? Imaginou uma festa de "arromba", muita alegria, emoção?
Date esta folha, pois você poderá consultá-la quando estiver preparando sua festa real, como sonhado.
À p. 298 escreva, como legado, as palavras que gostaria de ouvir de quem falasse em sua homenagem.

Ações de melhoria

> Nem tudo o que se enfrenta pode ser modificado.
> Nada pode ser modificado se não for enfrentado.
> (Autor desconhecido)

Estabelecer uma compreensão clara de qual é nossa meta em diferentes fases da vida é perguntar: quais são meus objetivos? É importante saber para onde estamos seguindo, de modo a melhor nos situar e avaliar o que alcançamos. Só assim podemos dar os passos na direção que pretendemos.

Como não vivemos ao léu, precisamos vez ou outra retomar os propósitos, já que estamos sujeitos às muitas mudanças internas e do nosso entorno que condicionam as ações. Mudar não significa zerar tudo; há que assumirmos as mudanças, acompanhando-as. Também não podemos parar, pois isso significa negar as transformações pessoais. Somos movidos pelo que projetamos, sonhamos, desejamos.

> **Caro leitor,**
> Avalie seu grau de satisfação com a vida neste momento:
> a) Você suou a camisa para chegar aonde está. É hora de colher os resultados, mas também de estabelecer novos objetivos.
> b) Você atingiu muito do que se propôs, mas ainda quer melhorar. Persiga os seus sonhos.
> c) Você se vê andando em círculos? É o momento de dar uma guinada. Estabeleça pequenos e grandes objetivos e corra atrás.

Com sabedoria, precisamos colocar em prática nossos projetos. O estabelecimento de uma missão pessoal é fundamental para definir o que desejamos ser (caráter) e fazer (contribuições/conquistas), atentando para os valores e princípios nos quais o ser e o fazer estão fundados. Esta é a razão do brilho dos olhos, da vida, da própria existência.

Lembre-se de que as pessoas colhem o que semearam. O agricultor que se esquece de plantar na primavera não vai colher no outono. Imagine-se agora na primavera de sua vida. Aproveite para plantar a fim de que possa ter uma farta colheita no futuro.

> **Para a vida ficar mais fácil**
> Escreva seus objetivos e consulte-os com frequência.

É chegado o momento principal do seu projeto de vida com algo mais prático e mensurável. Este momento é seu e segue o roteiro para suas reflexões e conclusões finais. Na última página do livro (p. 301) siga os seguintes passos:

1º Situação atual – Registre a nota que você se atribuiu em cada uma das dimensões da vida.

2º Situação desejável – Estabeleça uma nova nota como objetivo a ser alcançado em cada uma das dimensões. É o indicador que você gostaria de atingir para um maior equilíbrio na sua Roda de Satisfação da Vida.

3º Ações de melhorias – Em cada uma das dimensões registre as ações de melhorias necessárias para atingir seu objetivo. São suas metas a serem atingidas, representadas em "parar de", "manter" e "começar". Para facilitar, vejamos alguns exemplos:

- *Parar de:* na dimensão física, por exemplo, fumar, comer doce, comer rápido; ou na dimensão emocional, reclamar, sofrer com antecedência.

- *Manter:* nos aspectos em que se está bem, ter o cuidado de conservar. Se você faz *check-up* anual, é imprescindível mantê-lo em dia, por exemplo.

- *Iniciar:* se você não pratica atividades físicas ao menos três vezes por semana, precisa iniciá-las; pode se propor a fazer caminhadas diárias. Aqui vale também o verbo ampliar.

Todas as dimensões requerem algum tipo de ação, mesmo aquelas nas quais você está bem avaliado. Procure fazer uma profunda reflexão e registrar todas as ações possíveis e necessárias, mesmo que algumas pareçam mais difíceis, como se fossem um sonho. Não importa o número de ações, mesmo porque, na sequência você vai estabelecer as prioridades e seu Plano de Ação.

Plano de Ação – compromisso pessoal de mudança

> Somos o que fazemos,
> mas somos principalmente o que fazemos
> para mudar o que somos.
> (Eduardo Galeano)

Mudanças e transformações, em geral, assustam e nem todas as pessoas estão abertas a novas experiências. Não é fácil mudar, essa é uma verdade. Quantos sonhos acabam nas gavetas do esquecimento! Quantos belos projetos perdem-se por falta de iniciativa e de ação! Outros nem se concretizam por falta de garra, determinação e sucumbem no primeiro obstáculo. Quanta falta de criatividade e de ânimo para empreender alguma coisa! Como você se avalia nesse quesito? Você se acha uma pessoa criativa, proativa, ou costuma deixar para depois, mais tarde, quem sabe, algum dia?

Agora que você elaborou seu Projeto de Vida pessoal e estabeleceu as ações de melhoria, precisa de estratégias para evitar que seus sonhos, objetivos, o equilíbrio de sua vida não aconteçam por falta de ação. Finalize seu projeto com algo bem prático, estabeleça e assuma um compromisso pessoal de mudança, o seu Plano de Ação.

Faça uma retrospectiva da aprendizagem que a leitura deste livro proporcionou. Reveja suas anotações, o resultado de sua autoavaliação mediante a Roda de Satisfação da Vida e suas percepções, e o que você registrou no seu Projeto de Vida, especialmente as ações de melhorias. Tenha em mente o alerta do médico e escritor do século XIX, Oliver W. Holmes, incentivando a ousadia diante da vida: "As pessoas medianas vão para o túmulo com músicas não tocadas dentro delas". Não abafemos nossos talentos.

À p. 300 estabeleça as ações prioritárias para os próximos doze meses, com os respectivos indicadores de datas.

Para descortinar uma visão ampliada da vida

Quando idealizamos o livro, pensamos em uma contribuição ao leitor de qualquer idade. Partimos de nossa própria experiência, da importância de ter um norte bem definido e uma visão ampliada da vida, desde a juventude e início da carreira profissional.

A vida não é só trabalho e, por mais necessário que seja, até por questões de sobrevivência, temos que considerá-lo apenas como uma parcela. Mas você, caro leitor, é a soma das partes. Fixe esta mensagem, veja-se como um todo.

A felicidade não se encontra em uma das dimensões da vida, mas na harmonia entre a vida pessoal e a profissional. O trabalho absorve boa parte do nosso tempo útil, por isso precisamos estar atentos para não fazer dele o sentido de nossas vidas.

As pessoas não se conhecem ou se conhecem apenas enquanto profissionais. Desenvolvem suas competências e habilidades técnicas em sua formação e inúmeras capacitações, recebem muita informação, acumulam conhecimento para seu trabalho, pouco ou quase nada investindo no autoconhecimento. Esse é considerado um dos problemas do sistema educacional. Os jovens, dispersam energia e têm dificuldade em colocar foco em sua vida, enquanto muitos dos que se aposentam, depois de anos dedicados ao trabalho, perdem o ponto de referência, desestruturam-se emocionalmente, ficam sem um sentido para a vida.

Ao se conhecer melhor e avaliar as múltiplas dimensões mediante a Roda de Satisfação da Vida, você poderá chegar a um desenho mais harmonioso do conjunto, sem exagerados desequilíbrios por excesso ou falta de concentração, tematizando a sua existência. Alcançar a autorrealização é o que todos desejam. Vale o empenho consciente para elaborar o verdadeiro Projeto de Vida, a fim de integrar os muitos aspectos de que ela se compõe. Sendo uma jornada curta e finita, a vida merece ser plenamente realizada, aqui e agora, porque "ao vencedor eu darei como prêmio comer da árvore da vida que está no paraíso de Deus", registra João em Apocalipse 2,7.

A "árvore da vida" simboliza os variados esforços para torná-la exuberante, bela e especialmente repleta de bons frutos. Haverá de nos dar sustento e sustentação a partir de um sólido enraizamento pelos cuidados e zelo anteriores. Estruturada em robusto tronco, suas ramificações equilibradas permitirão floradas encantadoras e a colheita de generosos frutos, como resultado de ações determinadas pela vontade pessoal e por objetivos claros.

Caro leitor, tudo o que uma árvore pode dar e concretizar está dentro da semente. Também as pessoas têm muito a ganhar ao se voltarem para dentro de si e ouvirem a voz interior. É preciso buscar aquele "algo mais", sintonizar-se com a Fonte Infinita que existe dentro de você e o tem conduzido até aqui. Lembre-se: você pode escolher como quer viver, quem quer ser.

Reserve um tempo para se encontrar consigo mesmo, de forma a enriquecer sua espiritualidade e sua autoestima, fortalecendo o espírito de fraternidade e solidariedade que está latente em você. Cuidar de si no sentido mais amplo e autêntico deverá ser sua prioridade e seu comportamento natural. Aprendendo a se conhecer melhor, a ouvir e confiar em sua experiência, a viver de forma a refletir seus verdadeiros desejos, o fará capaz de também se dedicar a outros.

> Agora e sempre a vida é um projeto, caro leitor.
> Nós o convidamos a um despertar de sua consciência para a condição de indivíduo único e insubstituível, redescobrindo um sentido para viver.
> Os valores que orientam sua vida pessoal e profissional, com reforço nas relações familiares, de amizade e

na melhoria de sua qualidade de vida, trarão novo ânimo.
Seu futuro depende de você
e não da organização/empresa onde trabalha.
Você colherá os frutos do que plantar,
essa é a grande verdade. Mas, também,
atrairá chuva suficiente para que sua árvore
permaneça íntegra, viva, verdejante e frutuosa.

A história de minha vida

Fazendo a retrospectiva de sua vida, do que você se lembra?

Registre abaixo sua história, desde o nascimento até hoje. Você pode escrever ou desenhar, como preferir, resgatando os fatos mais significativos, positivos ou negativos.

_____

_____

_____

_____

_____

_____

Roda de Satisfação da Vida

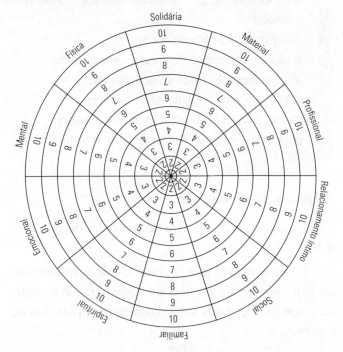

Observação: Com uma caneta ou lápis de cor preencha cada espaço (setor) correspondente às notas que deu a si nas diversas dimensões da vida, para ver como ficou a sua Roda de Satisfação da Vida.

Autoavaliação

Como você define sua vida, aqui e agora, em relação às dimensões:	Pior que o esperado	Igual ao esperado	Melhor que o esperado	Transcreva suas notas nesta coluna
Física				
Mental				
Emocional				
Espiritual				
Familiar				
Relacionamento íntimo				
Social				
Profissional				
Material				
Solidária				

Lembrete: escreva a lápis e coloque a data; você poderá refazer a autoavaliação em outros momentos.

Autoconhecimento

Forças	
Fraquezas	
Valores	
Papéis	
Missão pessoal	
Legado	

Visão de futuro: minha festa dos.... anos

Lembrete: date esta folha, pois você poderá consultá-la quando estiver preparando sua festa real, como sonhada.

Plano de ação

Ação	Data

Meu projeto de vida

Dimensões da vida	Situação		Ações de Melhoria		
	Atual	Desejável	Parar de	Manter	Começar
Física					
Mental					
Emocional					
Espiritual					
Familiar					
Social					
Relacionamento íntimo					
Profissional					
Material					
Solidária					

Rua Dona Inácia Uchoa, 62
04110-020 – São Paulo – SP (Brasil)
Tel.: (11) 2125-3500
paulinas.com.br – editora@paulinas.com.br
Telemarketing e SAC: 0800-7010081